이 지상에서 가장 따뜻한 사랑, 어머니

이 지상에서 가장 따뜻한 사랑, 어머니

지은이 원미옥
펴낸이 안용백
펴낸곳 (주)넥서스

초판 1쇄 발행 2014년 8월 5일
초판 2쇄 발행 2014년 8월 10일

출판신고 1992년 4월 3일 제311-2002-2호
121-840 서울시 마포구 서교동 394-2
Tel (02)330-5500 Fax (02)330-5555

ISBN 978-89-6790-894-2 03230

저자와 출판사의 허락없이 내용의 일부를
인용하거나 발췌하는 것을 금합니다.
저자와의 협의에 따라서 인지는 붙이지 않습니다.

본 책은 전자책 전문 출판사 e북세상과의 협약으로
진행된 도서입니다.

가격은 뒤표지에 있습니다.
잘못 만들어진 책은 구입처에서 바꾸어 드립니다.

www.nexusbook.com
지혜의 샘은 (주)넥서스의 기독 단행 브랜드입니다.

이 지상에서 가장 따뜻한 사랑

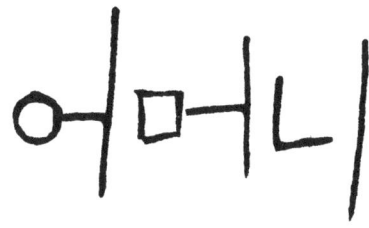
어머니

원미옥 지음

지혜의샘

어머니 삶의 굴곡과 고난에서 터득한
지혜의 터 위에 저를 향기나는 꽃으로 피워 주신
어머니께 감사드립니다.

들어가며

여전히 낯설고 부족하다.
아내보다 더 철부지인 사모의 길을 성도님들이 날마다 용납해 주신 것에 감사드린다. '평생 감사'의 돋보기로 세상을 꼼꼼하게 들여다보고 감사의 글을 크게 확대해서 세상에 널리 알리고 싶었다.
중학교 국어 선생님으로 불렸던 시간에 감사하고, 인생 제2막을 시작하면서 평생 받은 은혜를 이웃들에게 돌려주고 싶은 소중한 꿈을 꾸고 있다.
때론 자전거를 타고 색다른 풍경을 만나고 싶고, 그 바람이 들려주는 따뜻한 이야기를 같이 나누고 싶다.
아직도 엄마, 아내, 며느리, 사모, 선생님이라는 호칭에 여전히 초보자라는 생각이다.
누군가 아픔의 마중물 한 바가지를 부으면 눈물을 울컥울컥 퍼 올리는 눈물이 가득한 작가로 살고 싶다. 눈물이 많은 것이 고맙고 감사와 은혜라는 말을 좌우명으로 삼고 싶다.
현재의 삶이 만족스럽다고 생각하는 철부지 이야기를 끝까지 들어주신 모든 분께 감사드린다.

저자 원미옥 드림

차 례

들어가며 · 7

어머니를 보내며 · 11
장애인 2급 판정이라니! · 20
요양원으로 가신 날 · 24
삐죽삐죽한 고개를 내민 마늘 싹을 보며 · 39
통통거리며 살집 키우는 소리를 내는 다육식물 · 44
내 어머니 · 48
새하얀 모시옷 같은 여인 · 55
작은 마음을 봉투에 담아서 · 61
내 마음의 텃밭 · 69
가슴속에 품고 사는 슬픔의 덩어리들 · 85
에그그, 불쌍한 것 · 98
가는 정 오는 정 · 103
늙은 호박처럼 · 109
사랑을 만드는 방법 · 119
사랑 그리고 어머니 · 126
홀로 선다는 것 · 128

마음을 나누면 사랑이 되고 · 135

친정 엄마와 시어머니의 차이 · 145

비빌 언덕이 있어야 한다 · 152

어머니의 삶과 내 삶의 빛깔 · 162

어머니, 힘들어요 · 167

아범아, 들어가거라 · 175

그 어머니에 그 아들 · 183

죄송하지만 아침밥 좀 해주세요 · 190

할머니, 옆에서 잘래요 · 196

어머니, 사진 찍으러 가요 · 205

한순간의 행복이 소중했습니다 · 213

어머니, 그만 아프세요 · 217

할머니가 읽는 책이란 말이에요 · 227

모든 것이 사랑이었어요 · 231

이 세상의 마지막 인사 · 237

어머니를 보내며

어머니, 며칠 사이에 교인들 장례식을 연달아 세 번이나 다녀왔습니다. 그분들 중에 솔직담백하게 기도하시던 75세의 장로님도 계셨고, 교회에서 첫 세례를 받고 말씀을 사모하며 1년 반을 그렇게 행복하게 사셨던 65세의 성도님도 계셨어요. 또 1년의 요양 병원의 생활에서 딱 이틀만 아프시다가 천국으로 가신 81세의 친구 아버님도 계시답니다.

나이가 들었다는 걸 증명하는 일 중에 하나는 결혼식보다 장례식에 가는 날이 많아지는 것입니다. 처음 장례식에 다녀올 때는 검정색 옷을 차에 벗어놓고 일상적으로 퇴근하듯이 "어머니, 잘 다녀왔습니다." 라고 인사하며 어머니의 삶에서 죽음의 그림자를 멀리 두고자 했습니다. 혹시나 어머니의 삶에 죽음의 무게가 내려앉을까 봐 두려워서였습니다.

그러나 장례식 가는 일이 숨길 수 없는 일상이 되면서부터 빛과 그늘, 삶과 죽음, 기쁨과 슬픔이 동전의 양면임을 알게 되었습니다. 그러면서 장례식에 다녀온 후에 장례식 풍경을 어머니께 자연스럽게 말하게 되었습니다.

"어머니, 요즘 장례식에는 화장(火葬)을 많이 하네요."

"아이구, 나는 싫다. 뜨거워서 그것을 어떻게 견디니?"

"어머니, 돌아가시면 뜨거움을 모르거든요."

"그래도 하여간 나는 싫다."

"알았어요. 어머니, 그러면 어머니 산소는 어디로 했으면 좋겠어요?"

"나는 고향 철원의 우물가 있는 양지바른 곳에 했으면 좋겠다."

"아, 예. 어머니."

그날 저녁 저는 디지털카메라의 녹음 버튼을 누르면서,

"어머니, 생전에 늘 하시던 말씀이지만 정신이 말짱할 때 유언이라고 생각하시고 말씀해 보실래요?"

"그러마, 정신이 온전할 때 해 볼까?"

"어머니, 큰딸 내외, 큰아들 내외, 작은딸 내외 순서로 말씀하세요."

"그래, 이동에 사는 큰딸, 그동안 고마웠다. 내가 너를 위해 교회 나가라고 많이 기도했다. 그러니 천국에서 꼭 만나도록 교회에 나갔으면 좋겠다. 큰 사위 고마웠네. 건강하게 잘 지내게. 철원의 큰아들과 며느리도 늘 고마웠다. 건강하게 믿음 생활 잘해라. 냉정리 작은딸 내외,

마이 고맙네. 고맙네. 잘 지내게."

"어머니, 막내아들 내외한테도 말씀해 주셔야지요."

"그래, 우리 막내, 교회 잘 섬기고, 며느리도 건강하게 학교 잘 다니고. 나 챙기느라 고생 마이 했다."

"예, 어머니"

그러고는 촬영된 모습을 컴퓨터에서 어머니의 모습을 그대로 보여 드렸더니,

"참, 신통하네. 내가 컴퓨터에도 다 나오네. 그런데 얼굴이 흉하다."

어머니는 컴퓨터에 비친 얼굴의 검버섯을 뜯어내려고 하셨습니다. 어머니는 평상시에도 거울을 보면서 늘 검버섯을 손으로 긁어내곤 하셨거든요.

어머니의 삶을 돌아보면 그저 고마움만 남습니다. 그냥 늘 자식들에게 고맙다는 말씀만 하셨고, 별다른 것이 있다면 큰 딸 내외가 예수 믿고 구원 얻으라는 말씀만 여러 번 분명하게 하시곤 했습니다.

어머니가 연로해지고, 제가 장례식에 자주 다니게 된 후로 이상한 버릇이 하나 생겼습니다. 다름이 아니라, 자다가도 어머니의 방에 들어가 어머니 낮은 숨소리를 확인하는 것이었습니다. 어른을 모시고 산다는 건, 예고 없이 닥쳐오는 갑작스러운 일을 마음에 늘 대비해야 한다는 것을 의미합니다. 그 묵직한 짐이 때로 힘겨울 때도 있습니다. 간혹 밤중에 어머니의 기침 소리가 우리 방까지 건너오면 참 반갑습니다. 어머니 방에 직접 안 가 봐도 된다는 신호이기 때문입니다.

어머니의 밤은 낮의 고단한 짐을 내려놓는 시간입니다. 낮에는 늘 자식들을 위해 기도하시다가 몸이 불편하면 어김없이 온 밤을 끙끙거리는 신음 소리로 대신하고, 사소한 힘듦은 거친 코 고는 소리로 풀어내곤 하셨습니다.

"주님, 우리 어머니를 주무시는 듯 데려가시고, 이 땅에서 마지막 인사는 편안하게 하고 가실 수 있게 해 주세요."

라고 저는 날마다 기도합니다. 기도를 올리고 나면 저도 편안하게 잠들 수 있었습니다.

장례식을 다니면서 터득한 것이 있다면, 갑작스런 일을 위해 제가 할 수 있는 일을 준비하기로 했습니다. 평생 저를 사랑해 주시고, 우리 가정을 위해 기도해 주신 어머니의 마지막은 제힘으로 다 해 드리고 싶다는 생각이었습니다.

영정 사진 준비 완료.

상조회 가입 완료.

모든 걸 살 수 있는 현금카드 준비.

그러나 삶이란 알 수 없는 일이 또 준비되어 있지요? 그때는 이웃들과 함께 손잡고 그 일을 할 것입니다.

2011년 추석 무렵, 냉정리 형님과 통화를 했습니다.

"형님, 저는 이제 어머니 5년만 더 모실래요."

"왜?"

"이제 5년만 더 모시면 어머니 연세가 백 세가 되잖아요? 그러면 저도 며느리로서 도리를 다했다고 생각하려고 그래요."

"아이구, 말만 들어도 고맙네."

그렇게 제 마음속을 비쳤는데 얼마 전, 철원의 큰 형님 내외분이 어머니를 모시겠다고 하셨습니다.

명절에 아주버님이 대구에 내려오시면 "어머니 연세가 많아지면 우리가 모셔야지."라고 하셨는데, 그 시기가 이렇게 갑작스레 앞당겨질 줄은 예상하지 못했습니다.

그런 이유로 어머니가 철원에 계시게 되었습니다. 이젠 전에 하던 걱정도 없어졌습니다. 대신 큰일을 능숙하게 잘 하시는 아주버님 내외분이 어머니와 여생을 함께하고 계십니다. 맏이는 맏이요, 막내는 막내인 모양입니다.

"주님, 저는 어머니를 백 세까지 모시기로 마음먹었는데, 왜 5년을 앞당겨서 형님댁으로 모셔가게 하셨나요?"

한동안 어머니가 철원으로 가게 하신 하나님의 뜻이 궁금했습니다. 퇴근하고 오면 집안이 허전했고, 온 식구는 꼬박 24년을 함께 살았던 어머니의 빈 자리에 마음이 뻥 뚫렸습니다. 어릴 적 뒷산에 오르면 덩그러니 비어 있던 커다란 여우 굴처럼 어머니의 부재가 우리 가족의 삶에 커다란 구멍을 뚫어 놓은 것 같았습니다.

참 그립고 그리워서 숱하게 울었습니다. 어머니가 돌아가신 것도 아닌데 왜 우느냐고 하겠지만, 함께 살았던 자리에 체온 대신 흔적만이 여기저기 흩뿌려져 있었을 때 그것이 절절한 그리움이 되는 줄 몰랐습니다. 우리의 습관 하나하나에 묻어있는 어머니는 생각보다 더 자주 우리의 삶을 흔들었고, 구석에 숨어 있던 추억에 소스라쳐 놀라기도 했습니다.

그 허전함을 작은 시누이한테 털어놓으며 눈물도 많이 흘렸습니다. 어른이라고는 친정과 시댁 합쳐서 달랑 어머니밖에 없는데, 아직 받은 사랑을 갚을 준비도 하지 않았는데, 어머니는 철원의 아주버님 댁으로 가셨습니다. 받은 사랑의 한 귀퉁이라도 갚고 싶었는데 말입니다. 막내의 철부지 사랑 대신에 큰아들의 든든하고 따뜻한 효도를 받으실 것을 생각하면 다행이라는 위로를 애써 해봅니다. 그러나 그 허전함을 숨길 수는 없었습니다.

우리는 평상시처럼 저녁을 먹은 후에는 일제히 어머니 방에 모여 과일을 먹거나, 다림질을 하는 등 사소한 것은 다 어머니 방에서 했습니다. 약속을 한 것도 아닌데, 여름엔 어머니 방에만 에어컨을 켜놓고 거기에 모였습니다. 변한 것이라곤 딱 하나, 어머니만 안 계실 뿐이었습니다.

'주님, 왜 어머니를 큰집에 보내셨나요? 어머니는 안 계시고, 어머니께 받은 사랑을 어떻게 갚으란 말입니까?'

어느 날, 어머니가 저에게 베풀어주신 일을 글로 써 보자는 생각이 불현듯 스쳤습니다.

"사랑을 갚는 방법은 여러 가지가 있을 거야. 함께 있으면서 마음을 나누는 것도 효도지만, 어머니와 함께 살았던 일들은 더듬어 글로 표현하는 것도 효도일 거야."

그렇게 생각하는 순간 그동안의 답답함이 '부지직'하는 전기 스파크를 일으키듯 가슴을 감전시켰습니다.

'아! 나에게 이런 일을 시키시려고 아주버님 내외분이 어머니를 모시고 가셨구나.'

참으로 늦은 깨달음이 오고 나서야 어머니를 마음에서 조금씩 보내드릴 수 있었습니다.

그러자 일상적인 생활에서 느꼈던 생각들이 하나하나 싹으로 돋아나기 시작했습니다.

'그렇다면 장례식의 주인은 누구인가?'

'장례식의 주인은 어디에 가고, 남은 자들만 슬픔이 가득하지?'

'결혼식장의 신랑 신부는 사진 속의 환한 주인공이 되지만, 장례식장의 주인공은 액자 속에 갇힌 채로 우는 사람들을 내려다보고 있네. 한 사람의 인생을 짧게나마 주목받게 하는 방법은 없을까?'

'어느 빈소엔 25세 꽃다운 주인공이 텅 빈 빈소를 내려다보고 있고, 어느 특실 빈소엔 조화에서 터져 나오는 생화의 향기가 머리를 어지럽히고, 벗어놓은 신발 정리에만도 사람 손길이 분주한데, 주인공은 왜 한마디 말이 없을까?'

'옛말에 정승이 죽으면 문상객이 없어도, 정승네 개가 죽으면 문상객이 끊이지 않는다고 했다는데, 정작 장례식장의 주인공에 대해선

무슨 이야길 나누고 갔을까?'
'나이 00세, 00병, 장지는 선산 아니면 화장…….'
'달랑 이것만, 겨우 이것만. 이건 너무해.'
'한 사람의 인생을 어찌 그리 무감각한 글자로만 표현할 수 있담?'

장례식장에 갈 때마다 들었던 생각이 돌아가신 분을 장례식장 주인공의 자리로 돌려드리는 일이 필요하다는 생각이 들기 시작했습니다.

우리의 장례문화도 많이 바뀌었습니다. 예전에는 장지를 선산, 공원묘지, 국군묘지, 교회묘지 등으로 하여 봉분을 세웠지만, 어느 순간부터 화장을 하여 강과 산, 나무에 뿌리거나 납골당으로 향했습니다. 산림을 보호하는 면에서는 참 고마운 일이고 앞으로 장려할 만한 일입니다. 저는 절차와 방법상의 장례문화가 바뀌는 것에 더하여 고인을 보내드리는 이들의 내면에 변화를 주었으면 하는 바람을 추가하고 싶었습니다.

장례식장에서는 돌아가신 분이 70년, 80년, 90년을 살면서 어떤 삶을 마감하셨는지, 어떤 본을 보이셨는지, 어떤 유언을 남기셨는지 그런 것을 생각해 보았으면 했습니다. 한 직장에서 정년퇴직을 할 때 그분들의 일상을 간단하게나마 정리해서 많은 이들에게 상기를 시켜 주듯이, 장례식장에서도 그분의 삶의 흔적을 더듬으며 남은 자들이 살아가면서 어떻게 삶을 사랑하며 시간을 아끼며 살아가야 하는지를 배우는 시간이 되었으면 하는 생각이었습니다.

장례식 절차 때문에 주인공을 소홀히 하고, 살아남은 자의 슬픔과 처리해야 할 분주한 일로 인해서 돌아가신 분이 조연도 아닌 엑스트라로 전락시키는 일이 늘 아쉬웠습니다.

저는 장례식장에서 돌아가신 분을 주인공으로 당당히 세워드리고 싶었습니다. 어머니가 이 땅에서 97년 동안 살면서 하신 일을 단 한 가지라도 알려드리고 싶었습니다.

상복이 누런 삼베에서 하얀 옷을 거쳐 검은색으로 바뀌고, 매장 문화에서 화장 문화로 바뀌듯 장례식장에서 말없이 우리를 내려다보고 계신 그분을 대신하여 그분의 일생을 몇 줄이라도, 몇 마디라도 요약하여 그분의 삶을 되새김질하는 장례식이 되기를 간절히 바랐습니다.

살아남은 자의 장례식이 아닌, 생을 떠나는 자의 삶을 정리하는 거룩하고 아름다운 예식으로 말입니다.

우리 어머니의 장례식에는 살아 계시는 동안 삶의 열매를 튼실하게 맺느라 앙상하게 남은 손마디에서 헌신적인 삶을 드러내고 싶었습니다. 그리고 오랜 시간이 지나도 식지 않는 온돌 같은 사랑과 몸에 배인 배려를 누군가에게 꼭 전하고 싶었습니다.

이 글을 쓰는 첫 번째 이유입니다.

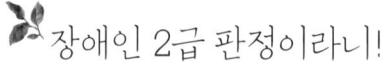
장애인 2급 판정이라니!

나이가 들면 어쩔 수 없이 찾아오는 치매가 무서운 병이지요.
"동서, 요즘 어머니가 대소변을 못 가리네. 그것까지는 괜찮은데 밤 낮없이 계속 소리를 지르니 잠을 잘 수가 없어."
"어떡해요? 형님이 많이 힘드시겠어요."
"아무래도 노인요양원으로 모셔야 할까 봐."
"그러게요. 형님이 많이 힘드신데 그렇게 하는 것도 괜찮을 것 같아요. 저희들은 형님이 결정하는 대로 따를게요."
말은 그렇게 했지만, 형님의 힘겨운 상황보다 먼저 가슴을 짓누른 건 어머니의 급작스러운 변화와 큰집이 아니라 요양원으로 가셔야 한다는 것이 아픔으로 다가왔습니다. 환자를 돌보는 형님의 힘겨움을 등 뒤로 돌린 것은 제가 어머니를 모실 적에 편찮으실 적마다 겪었던 묵직한 짐을 까마득히 잊어버린 변덕 때문이지요. 그러게 사람이 얼마나 간사한지요? 상대방을 배려할 줄 모르는 저의 소견이 참으로 부끄럽습니다.

그렇지만 전화로만 전해 듣는 그 상황은 답답하기 짝이 없고, 어머니가 초가집처럼 쉽사리 무너지는 것 같아 내심 받아들이기가 쉽지 않았습니다. 그 소식을 듣는 순간 내 눈에서는 눈물부터 났습니다.

그날 이후, 제 몸에는 이상한 증상이 나타났습니다. 오십견이 올 때마다 삐거덕거리는 아픔처럼 안에서부터 찌릿찌릿한 통증이 시시때때로 쿡쿡 쑤셔댔습니다.

통증이 너무 심해서 한의원에 갔습니다.

"충격을 받고 난 후 가슴에 통증이 느껴져요."

"그럴 수도 있어요. 심장이 충격을 받아서 그럴 겁니다."

'가슴이 아프다'는 말이 그냥 문학적인 표현인 줄만 알았는데, 실제로 가슴에 두통과 치통처럼 가슴통을 앓아야 했습니다. 가슴을 어루만지며 일을 할 수가 없어 한의원에서 침을 맞고, 집에서 찜질을 했습니다. 침의 효과보다도 가슴이 감정적으로 아플 수 있다는 한의사의 말에 불쑥 눈물이 배어 나왔습니다.

'아, 그런 거구나.'

일주일 후, 통증이 서서히 가라앉았지만, 어머니에 대한 충격이 심리적인 상태만 건드린 것이 아니라, 육체적인 고통까지 수반한다는 것이 놀라운 일이었습니다.

어머니한테 자주 갈 수도 없고, 상황을 알아보기 위해 전화를 드렸습니다.

"아주버님, 어머니는 좀 어떠세요?"

"이번에 장애 2등급을 받았고, 요양원에 모시기 위해 오늘 요양시설에 가보려고 해요."

"예, 그러셔야지요. 농사철도 다가오고, 아주버님도 마음의 짐을 조금 덜어야 하지요."

인사를 마치고 나니 가슴에서 무거운 돌이 둔탁하게 툭 떨어지는 것만 같았습니다.

'우리 어머니가, 세상에……, 우리 어머니가…….'

드라마에서나 있음직한 일이 내게도 일어날 수 있음을 실감하는 순간이었습니다.

가끔 우리는 꽃잎이 미련 없이 떨어지는 것을 담담하게 받아들여야 하지만 그것을 인정하지 않으려고 꽁무니를 빼는 저의 안간힘을 보았습니다. 큰집에서 결정한 일에 제가 다시 어머니를 모시겠다고 말할 수도 없는 입장이었습니다. 세월이 흐르면서 세상의 일들이 내 삶 속으로 흘러 들어왔다가 흔적 몇 점만 남겨두고 홀로 떠나버리는 것 같았습니다.

해마다 여름철이면 큰물이 나서 논밭과 초가집을 훑고 지나가면 삶의 쓰레기들이 우리 삶의 언저리에 덕지덕지 걸쳐져 있는 듯이 말입니다. 강가에 억지로 버티고 서 있던 나무에 삶의 찌꺼기는 때론 얼룩덜룩한 옷, 끄나풀, 생활용품이 물줄기의 흐름을 따라 고달픈 여정의 흔적을 간신히 매달아 놓는 것처럼 삶은 가끔 나에게 희로애락의 찌꺼기를 남겨둔다는 생각을 했습니다.

홍수의 잔재들이 우리 삶에 얼룩처럼 남아 있듯이, 되돌아보면 삶의 흔적들이 아프게 매달려 있습니다. 그러나 사람이 찌꺼기를 걷어내지 않으면 나무는 아픈 상흔을 그대로 매달고도 잎을 푸르게 매답니다. 가끔 잎에 가려 안 보이는 듯하지만, 실상은 그 헌 옷자락을 가슴에 품고 내 삶을 소리 없이 살아가고 있을 뿐입니다. 저도 아무래도 상흔을 목에 칭칭 감고 살아야 할 것 같습니다.

동료 중에 매주 요양원에 계신 아버지를 뵈러 가는 어느 친구는 시간이 흐를수록 발걸음이 무덤덤해진다는 고백을 했습니다. 저의 생채기도 처음엔 사람의 옷깃이 스칠 때마다 아프겠지만, 그 아픔도 서서히 잦아들다가 끝내는 굳은살이 박히듯이 무감각하게 되는 날이 오겠지요.

벚꽃이 봄 햇살에 터질 듯이 벙그는 삼월에 어머니는 요양원으로 들어가셨습니다. 저는 그 시간 어머니의 방에서 울고 있었습니다. 그리운 사람들 곁을 떠나 생전 낯선 곳으로 가셔야 하는 우리 어머니.

요양원으로 가신 날

    요양원으로 모시는 일은 듣기 좋은 말로 모신다는 것이지 어머니의 뜻과는 무관하게 창살도 없는 곳에 갇혀 지내실 것이라는 생각을 하니 가슴이 저려오기 시작했습니다. 어머니의 삶은 대구에서 뿌리째 뽑혀 철원으로 옮겨져 그곳에서 뿌리내리지 못하고, 시들시들 사위어 가면서 삶의 이파리가 누렇게 떨어지기도 했을 것입니다. 그러다가 이제 요양원에서의 삶은 어머니에게 있어서 이 땅에서의 마지막 종착지가 되는 것만 같았습니다.
    가슴의 통증은 사라졌지만 둔중한 것으로 얻어맞은 것처럼 가슴이 먹먹해질 때가 있었습니다. 아무래도 시퍼런 멍이 가슴 이곳저곳에 남아 있을 것입니다. 처음엔 퍼렇던 멍의 흔적도 점점 누렇게 바래지다가 결국은 사라지고 말겠지요.
    어머니가 요양원으로 가셨다는 소리를 작은 시누이에게 알렸더니,

시누이는 전화선 너머로 울고 있었습니다. 큰 잘못을 저지른 사람처럼 저는 어찌할 바를 몰랐고, 가슴이 얼얼하여서 아무런 감각도 없어졌습니다. 아픔이 서서히 잦아들 때까지 젖은 감정을 나 혼자 햇살에 내다 말리는 수밖에 없습니다. 축축하게 젖은 마음이 햇볕에 보송보송하게 말려지기를 기대해봅니다. 햇살이 강하게 내리쬐어서 빨리 내 가슴의 얼룩을 지워줬으면 좋겠습니다. 다른 도리가 없겠지요.

주소를 옮기는 일, 살이 떨어져 나가는 아픔.
"동서, 어머니의 주소를 옮기는 게 어떨까?"
형님의 전화를 받았습니다.
그래서 어머니께 전화를 드렸더니
"그냥 두어라. 날이 따뜻해지면 내려가야지."
어머니와 맏동서 사이에서 어쩌지도 못 하고, 차일피일 미루다가 마침내 주소를 옮기게 되었습니다. 단지 어머니 이름 석 자를 큰 집으로 옮기는 일인데 마음 한 편으로 휑하게 바람 한 점이 훑고 지나갔습니다.
주소를 옮기고 나서 옷 정리를 하였습니다. 그간에 사 드렸던 새 옷은 그대로 있고, 입던 것은 낡을 대로 낡은 게 어머니의 삶을 그대로 닮았다는 생각을 했습니다.
헌 것은 차마 버리지도 못 하고, 새것만 골라 차곡차곡 담았습니다. 할머니 생신 때 종원이가 새로 사 드린 찬송가를 담고, 그 안에 우리 가족의 전화번호를 적은 쪽지도 넣었습니다. 그것은 우리가 출근하고 아무도 없을 때 혹시 급하게 연락하라고 전화기 앞에 커다란 글씨로 적어 두었던 비상연락망이었습니다.

처음 어머니가 편찮으셨을 적에 저는 밤중에 잠이 깨면 어머니 곁으로 가서 어머니의 숨소리를 확인하곤 했습니다. 몇 년을 습관처럼 그렇게 확인하면서 살았드랬습니다. 어머니가 주무시면서 '끙끙' 앓으시는 소리가 우리 방문에까지 와 닿을 때면 그 신음소리가 귀찮음이 아니라 오히려 반가운 소리였습니다. 살아 있음에 대한 감사였습니다.

한참 편찮으실 때는 말끝마다 '요새는 정신이 없어서……'라는 말을 했습니다. 반복해서 읊으시는 그 말은 우리를 무겁게 짓눌렀습니다만, 막상 그 소리조차도 들을 수 없으니 그것조차 허전함으로 다가올 줄은 미처 몰랐습니다.

무더운 대구의 여름 날씨에 꼼짝도 않으시더니 손주인 종원이가 큰집에 간다고 하니까 "나도 따라가 볼까?" 하시며 따라나선 걸음이었습니다.

그렇게 한 달이 지나고 추석 명절이 되어 어머니를 모시러 철원에 올라갔습니다. 어머니를 차 뒷자리에 누워 오시게 하려고 아이들도 데려가지 않았습니다.

추석날 깜깜한 밤에야 도착했습니다. 추석 예배를 마치고 대구에서 철원까지 열심히 달렸으나, 명절 오후는 도로가 온통 주차장이었습니다. 갑작스러운 방문에 놀라는 형님 내외분께 죄송했습니다.

철원에 늦게 도착했으므로 인사도 별로 나누지 못하고 잠을 자는데, 오랜만에 마주한 어머니의 신음소리는 변함이 없었습니다. 참 반가운 소리였습니다. 그간에 잊어버렸던 어머니의 존재를 알리는 소리였습니다.

큰동서가 해준 아침밥은 참 맛있었습니다. 형님의 음식 솜씨는 여러 사람의 입에 오래 기억될 만큼 좋습니다. 밥을 먹으면서 습관처럼 어머니께 살코기와 뼈를 발라드려도 어쩐지 어머니는 저를 잘 모르는 것 같았습니다.

평상시 같으면 '너나 먹어. 나는 괜찮아.'라고 하셨어야 하는데 말입니다.

"동서, 내려갈 때 어머니한테 같이 가자고 하지 말게."

"네? 어머니를 모시러 왔는데요."

갑자기 머리가 하얘지면서 다리가 후들거렸습니다. 아픈 어른과 함께 지낸다는 게 쉽지 않지만, 그렇다고 안 모신다고는 한 번도 생각해 본 적이 없어서 놀랐습니다.

언젠가부터 '돌아가실 때가 되면 우리가 모셔야지' 하던 큰동서의 말이 생각났습니다.

'제가 100세까지는 모시려고 했는데…….'

아침밥을 먹고 나오는데, 어머니는 거짓말처럼 우리의 이별 장면을 무덤덤하게 지켜보고 있었고, 제 치맛자락을 붙잡지도 않았습니다.

그리고 나직하게 속의 말을 꺼내는 분이신데, 그날은 이상하리만치 무표정했습니다. 약간 서러웠습니다.

갑자기 '이게 마지막은 아닐까?' 하는 생각이 들었습니다. 어느 날 어머니의 소천 소식을 듣고서 이 먼 길을 다시 달려오게 되는 것은 아닐까?' 하는 생각이 바람처럼 스쳤습니다.

어머니를 차마 안아보지도 못 하고서 차에 타자마자 왼쪽 가슴에서 지하수가 '뻥' 솟구치듯이 아픔이 배어져 나왔습니다. 거침없이 터져 나오는 슬픔의 덩어리였습니다.

'어머니를, 어머니를……. 모시고 가야 하는데.'

남편도 말이 없긴 마찬가지였습니다.

가슴을 슬며시 움켜쥐며 울음을 잡아보려 애썼지만 땅속 깊은 곳에서 싯누런 열기로 꿈틀거리던 인연이 지표면을 뚫고서 용암처럼 분출하기 시작했습니다. 급작스러운 마그마의 분출이어서 쉬이 용암으로 굳어지지도 않았습니다.

처음 터지는 일이어서 쉽게 막을 수 있는 아픔이 아니란 걸 알았습니다. 얼른 막아야 하는데 하는 마음이 급할수록 울음은 쉽사리 그치질 않았습니다.

철원 용화동에서 포천군 냉정리까지 가는 동안 내내 울음이 잦아들지 않았고, 작은 시누이 집에 들어서기 전에 성글게 대충 울음을 붙들어 싸매고는 얼굴을 다듬었습니다.

"엄마는?"

"형님이 모신다고 하시네요……."

그 말과 함께 억지로 동여맨 눈물이 성근 실밥 터지듯 푹 터져 나오면서 가두었던 슬픔이 후두둑 쏟아졌습니다. 설거지를 하겠다고 부엌에 들어왔는데도 이번에는 더 높은 수압으로 아픔이 직각으로 솟구쳤습니다. 수돗물인지 눈물인지 분간도 못하고 설거지를 마쳤습니다.

"자네가 그렇게 모셨으면 됐네. 마음 편하게 가게."

"큰올케가 모시겠다는 것을 고맙게 생각하면 되잖아? 세상에 자기 계획대로 되는 게 어디 있는가? 큰올케도 어머니께 효도를 할 기회를 줘야지. 안 그래? 그러니 이제 그만 하게."

듣고 보니 그랬습니다. 어머니가 내 소유도 아니고, 큰 형님이 모신다고 하면 감사하는 마음을 가지면 되는데, 내 어머니라고만 생각하고 살았던 저였습니다. 내 중심적으로 살았던 철부지 모습을 드러내 보인 것 같아 부끄러웠습니다.

작은 시누이는 마당 한 편의 텃밭으로 나가서 무, 오이, 호박, 고추 등을 뽑아서 차에 잔뜩 실어 주셨습니다. 눈물을 빨리 그치게 하시려는지 집안에 있는 것을 모두 담아주는 것만 같았습니다.

그래도 연신 눈물을 훔치고 있으니까 "올케, 여기 꽃구경이나 하고 가." 하며 작은시누이가 뒷마당을 한 바퀴 돌며 국화꽃을 한 움큼 꺾어 주었습니다. 보송보송한 가을 햇볕에도 젖은 마음은 쉽게 마르지 않았습니다.

"꽃이 참 예뻐요."

말은 가을 햇살처럼 했지만, 한 번 터진 아픔은 마른 땅을 축축하게 적셔놓고 있었습니다.

"이제 눈물 그치고 편히 가게."

그러면서 시누이는 향기 짙은 국화를 가득 꺾어서 차에 실어주었습니다. 손을 잠시 흔들고 국화 향기를 맡으며 내려오는 중앙고속도로는 참으로 길고 지루했었고, 구불구불한 길의 연속이었습니다. 출발할 때부터 마치 차를 지고 가기라도 하는 것처럼 힘겹더니 가면 갈수록 힘겨운 하행 길이었습니다.

대구로 내려오는 동안 우리는 아무 말도 하지 않았습니다. 돌이킬 수 없는 미련이 질척하게 남아 차 안의 공기를 칙칙하게 내리눌렀습니다. 어머니와의 인연이 땅 속에 묻은 전깃줄처럼 길게 이어져 있는 줄은 미처 몰랐습니다. 인연을 매정하게 싹둑 잘라버리고 떠나온 것처럼 아팠습니다.

집에 들어서니 예원이가 묻습니다.

"할머니는 왜 안 오셔?"

24년을 같이 살 비비며 살아왔는데 생살이 싹둑 잘린 아픔은 어른이나 아이나 매한가지였던 모양입니다.

우리 아이들은 할머니에 대한 사랑이 매우 유별났습니다. 그 증거는 어버이날 아이들이 써 준 편지를 보면 금세 알 수 있습니다. 할머니에게 보내는 편지 내용엔 학교 다녀오면 밥도 차려주시고, 같이 놀아도 주시고, 항상 저희들 편에 서서 고맙다는 글을 어느 한 올 빠뜨리지 않고 섬세하게 표현했던 것을 기억합니다. 그리고 제가 받는 편지는 일상적이고 형식적인 인사치레가 담긴 데 반하여, 할머니에 대한 사랑은 언제나 아랫목처럼 따끈따끈했습니다.

고등학교 3학년이 될 때까지 잘 때는 꼭 할머니 옆에서 자던 예원이도 밤마다 허전함을 느끼나 봅니다.

어머니도 손주와 함께 자는 것을 흐뭇해하셨습니다.

가끔씩 전화 드리면

"예원이는 어디서 자누?"

"그야, 어머니 방에서 자지요."

"어허허, 그 녀석."

잦아지는 웃음에 사랑이 묻어나왔습니다.

24년 동안 우리의 뒷자리를 해 주시고도 늘 모자란 듯이 수줍어하시는 어머니였습니다. 우리 가족은 항상 기다려주시던 어머니의 빈자리가 허전하여 한동안 그 허전함을 메우기 위해 떠들어 보기도 하고, 어머니 방에서 오밀조밀 모여서 지내보기도 했습니다. 그러나 어머니가 남기고 간 허전함은 그 어떤 것으로도 대신할 수가 없었습니다. 우리가 손을 잡고서 빈 공간을 펼쳐 잡았지만, 그 사이로 추억은 쉴 새 없이 떨어졌습니다. 사람의 빈자리는 사람의 체온으로만 채워진다는 사실을 알았습니다.

어머니의 주소를 철원으로 보내는 날 남편이 무겁게 입을 열었습니다.

"여보, 처음이야. 엄마를 진짜 보내는 것 같아. 마음이 아파."

이제껏 묵묵히 있던 남편이 처음으로 어머니를 보내는 마음을 표시했습니다. 어머니에 대해 말이 없다가, 그날은 참으로 마음이 허전해서 하는 말이었습니다.

막내아들로서 칭얼거리며 온 몸을 비볐던 언덕이 없어졌으니 그 심정이야 오죽하겠습니까? 그렇게 떠나보내는 연습을 각자의 자리에서 연습하며 제 자리로 돌아오기까지는 꽤나 오랜 시간이 걸렸습니다.

모두가 허전함을 스스로 달래고, 서서히 적응되어 갈 때에야 깨달은 게 하나 있습니다. 갑자기 어머니를 모시면서 새로운 생활에 적응하는 아주버님 내외분의 생활이 또 얼마나 힘들까 하는 뒤늦은 깨달음이었습니다.

오래 묵은 삶의 둥지에 새로운 둥지를 만들면서 자신의 삶을 내려놓아야 했던 일들, 어머니가 대구 이야기를 하면서 형님네를 보챘을 일을 생각하니 나의 허전함만 커다랗게 생각했던 뒤늦은 후회가 따랐습니다.

가끔 전화를 바꿔주지 않았던 섭섭함도 이해가 되긴 했습니다. 새 둥지에 적응하도록 애써야 하는 형님 입장에서는 우리의 잦은 전화가 얼마나 불편한 일이었을까요? 대구의 생활을 잊을 만하면 불쑥불쑥 전화를 해대는 우리의 배려 없는 행동이 참으로 귀찮고 성가셨을 것입니다.

잠시 다니러 갔던 고향이 영영 머물 곳이 되리라고는 한 번도 상상하지 못했던 어머니도 참으로 황당했을 것 같습니다. 모든 삶의 뿌리를 남겨두고, 달랑 가방 한 개를 들고 떠난 여행이 삶의 종착역이 되어버린 어머니는 겉으로 말씀은 안 하셔도 숱한 생각을 밤마다 쓰고 또 지우기를 반복했으리라 생각합니다.

어머니는 힘든 일을 거의 내색하지 않으시는 분인데, 말하지 않아도 그 내면에 숨겨둔 언어를 다 들을 수 있습니다.

어머니, 제가 어머니의 마음을 아는 것처럼, 어머니도 저의 마음을 다 아시지요? 이제는 말이 필요 없지요? 저는 그래요. 말하지 않고 상황만 보아도 무슨 말을 하고 싶으신지 다 알 것만 같아요. 그게 24년을 함께 살을 부비며 살아온 흔적이겠지요?

어머니, 실제 주소를 옮겨도 어머니는 언제나 우리 마음에 본적지를 뿌리 깊게 두고 거주하고 계십니다. 영원히 변하지 않는 본적지, 그곳에 우리의 사랑이 또박또박 새겨져 있어요.

어머니, 주소만 보내고 어머니의 마음은 잉크 자국이 바짝 마른 채로 이곳에 남아있는걸요.

햇살이 보송보송하게 내려앉은 빨래를 걷는데, 빨랫줄 아래에 서성이는 어머니 모습이 불현듯 떠올랐습니다.

늘 바쁘다는 핑계를 대며 세탁기에서 빨래를 꺼내어 어머니가 앉아계신 소파 앞에 가득 내려놓으면 어머니는 읽던 성경책을 밀쳐두고 제 옆에 조용히 내려앉았습니다. 그리고 함께 옷을 옷걸이에 걸며 닫아 두었던 이야기의 빗장을 열었습니다.

"빨래는 너무 자주 하지 마라. 옷이 다 해지겠다."
"예, 그럴게요."
"요즘 네가 많이 피곤해 보이는구나. 학교 일이 많이 힘드니?"
"괜찮아요. 어머니가 집에 계셔서 제가 늘 감사하지요. 어머니가 안 계셨으면 학교 일도 못 하는 거지요. 어머니 덕분에 제가 직장 생활을 잘할 수 있어요."
"별소리 다 한다. 내가 하는 게 뭐 있다고?"
"아이고, 어머니. 밥해 주시지요. 빨래해 주시지요. 매일 집에서 아이들 맞이하고 얼마나 하는 일이 많은데요."
"네가 그리 생각해주니 나도 고맙다."

그렇게 똑같은 이야기를 빨래를 갤 때마다 했던 것 같습니다. 매일 눈 뜨면 밥 먹고, 청소하듯이 빨래를 널고 개는 일은 고부간의 마음의 문을 여는 시간이었습니다. 마치 아침에 일어나 환한 창문을 여는 것과도 같았습니다.

빨래를 꺼내면서 보니까 세탁기 옆에 플라스틱 봉이 기다랗게 놓여 있었습니다.

'이런 지저분한 걸 왜 여기 두셨지? 버려야겠네.'

생각은 했지만 금방 잊어버리곤 하기를 몇 달, 그 사이에 어머니는 큰 집으로 가시고, 세탁물을 꺼내면서 저의 무심한 판단의 잣대가 부끄러웠습니다. 통돌이 세탁기를 큰 것으로 바꾸면서 세탁기 안이 예전보다 깊어서 세탁물을 한꺼번에 꺼낼 수가 없었던 것입니다.

플라스틱 봉은 세탁기에 남은 양말 나부랭이, 속옷을 꺼내기 위한 어머니의 삶의 지혜였습니다. 예전에 바가지로 샘물을 길어 올리던 것처럼 어머니는 우리 삶에 싱싱한 물을 퍼 담아주셨습니다. 그 시원한 물을 고마움도 없이 벌컥벌컥 마셨던 지난 삶이 부끄럽습니다.

"자, 이제 네가 널어라. 나는 빨랫대에 거는 게 제일 힘들어."

늘 옷을 널 때마다 하시는 그 말씀을 귀에 따갑게 들으면서 한 번도 어머니를 위해 그 건조대를 낮출 생각을 하지 않았던 저의 무심함이 이제서야 생각납니다. 어머니가 까치발을 하고 건조대에 옷을 매달았을 것을 생각하니 어머니의 애씀이 빨랫줄을 타고 내려왔습니다. 140cm도 채 안 되는 키에 아파트의 건조대에 빨래를 너는 일은 힘에 겨운 노동이었을 것입니다.

발뒤꿈치에 힘을 주어 키를 한껏 높이고자 하는 그 안간힘, 아슬아슬한 출렁거림, 팔을 한껏 뻗어야 하는 애씀. 그것에 무관심했던 지난 날들이 이제야 안타깝게 다가옵니다.

어머니는 아들과 손주, 며느리와 손녀의 속옷을 마구마구 뒤섞어 개켜놓아 속옷이 바뀌는 게 다반사였습니다. 각자의 방에 슬며시 밀어 넣은 옷을 다시 속옷 서랍에 넣으면서 '왜 어머니는 구별을 못할까?' 생각했지만 어머니 눈에는 속옷의 100호와 105호를 구별하기가 힘들고, 실크와 면을 구별하는 것도 여전히 어려운 일이었을 겁니다. 영어가 영원히 남의 언어로 낯선 것처럼, 어머니에게 현대의 삶은 언제나 이방인처럼 어리둥절했던 모양입니다.

그런데 저는 모든 것을 제 입장에서 판단했습니다. 남이 못한 것은 날카로운 칼날로 여지없이 정죄하면서, 내가 모르는 것은 안타까운 궁휼을 바라는 이중의 잣대로 상대방에게 간절한 눈빛을 내밀었습니다. 학생들에게 역지사지를 가르치고, 배려를 소리 내어 가르치지만, 감동의 삶이 따르지 않는 공허한 이론의 무차별적인 남발이었습니다.

어머니, 제가 말로는 표현하지 않았지만, 가끔 무심코 왜 이렇게 하실까? 하고 속으로 중얼거렸음을 용서하세요. 어머니께서는 제가 어머니에게 말대꾸를 하거나 대들지 않는다고 칭찬을 하셨지만, 때로는 혼자서 마음속으로 불평하고 판단했던 적이 많았습니다. 이제는 그것도 그리운 기억이 되었습니다.

옷을 다 개면 옷걸이를 모아다가 소파 밑에 넣거나, 에어컨 옆에 쑤셔 넣어둔 것을 저는 항상 베란다에 내놓으면서 거실은 덜 지저분했으면 하고 생각했습니다.

삶의 부스러기들이 여기저기 흩어져 있음을 보면서 저는 매번 사용한 옷걸이를 베란다에다 갖다 놓기를 반복하고, 어머니는 어머니 방식대로 옷을 널 때마다 베란다에 가셔서 가지고 오시는 것을 반복하면서 어머니는 깨끗한 것보다 편한 것을 택했고, 저도 어머니 방식대로 따를 수밖에 없었습니다. 깨끗한 방에서 불편한 관계를 가지는 것보다 지저분해도 편안한 관계가 더 편한 것이라고 생각하기 시작했기 때문입니다.

가끔씩 아범이 와서 그것을 치우면 어머니는 말씀하셨지요.

"그것 가지러 가려면 힘든데 왜 그것을 바깥에 두니?"
"어머니, 집이 깨끗하면 좋잖아요?"
"집이 이만하면 깨끗하지, 뭐가 지저분해."

그러나 어머니는 늘 며느리보다 아들인 아범을 더 조심스러워했습니다.

아범은 생각보다 깔끔하고 정리된 것을 좋아했습니다. 어머니는 늘 우리 집에서 혼자서 정리하고, 우리는 가끔 어머니가 집안을 어지럽힌다고 투덜거리곤 했습니다.

그런데 어머니가 큰집으로 터를 옮기고 나서 옷걸이를 베란다에 두지 않고, 이제는 제가 어머니처럼 에어컨 옆에 쑤셔 넣는 모습을 봅니다. 그냥 본 대로 하는 겁니다. 저의 삶에서 어머니의 삶의 흔적은 이뿐만이 아닙니다. 어머니와 같이 살면서 질척한 밥이 싫었던 저는 어머니가 안 계시면서 고슬고슬한 밥을 지어 실컷 먹었습니다.

그런데 어느 날인가부터 속이 깔깔해지는 느낌이 들어 다시 질척한 밥을 짓기 시작했습니다. 함께 살면서 몸도 밥 짓는 것도 어머니에게 익숙해진 모양입니다.

어머니와 함께한 삶은 고향에서 나른한 봄을 맞이하는 것 같이 따사로웠습니다. 겨울을 이겨낸 황톳빛 흙 위로 피어나는 연둣빛의 분주한 꿈틀거림 같습니다. 그 위에서 어머니는 보들보들한 새싹을 피어내곤 했습니다. 어머니의 삶에서는 늘 황톳빛의 향내가 납니다. 농사꾼의 새벽 같은 부지런함이 수런수런 깨어납니다.

어머니, 빨래를 걷으면서 햇살 고루 받은 빨랫감의 보송보송함, 더 할 수 없이 뽀얀 표백이 눈부십니다. 그러나 그보다 더 제 삶의 구석구석을 씻어주고, 삶의 고단함을 말려주신 어머니의 햇살 같은 사랑에 감사드립니다.

삐죽삐죽한 고개를 내민 마늘 싹을 보며

"어머니, 마늘 까 주세요."

하던 일을 멈추고 어머니는 느릿한 걸음을 옮겨 마늘을 까서 도마에 콩콩 찧어 주셨습니다.

그러다가 아침 준비를 분주히 할 때를 위해 어머니는 아예 깐 마늘을 절구통에 쿵쿵 찧어 유리병에 담아 두셨습니다. 분쇄기에 갈지 않고 나무방망이로 찧은 마늘은 제각기 모양이 달라서 음식을 더 맛있게 했습니다.

"겨우내 땅속에서 추운 아픔을 견뎌서 맛이 매콤할 걸."

그 말씀을 들으면서 추운 겨울 같은 매서운 세월을 살아온 어머니의 아픔이 전해지는 듯했습니다.

예전엔 집에서 하는 모임이 많았는데 퇴근하고 돌아오면 저녁 준비로 마음이 콩닥콩닥 분주할 때면 어머니는 언제나 옆에서 양파도 까

주시고, 무를 채 썰어 주시고, 시금치도 데쳐 주시며 부엌일을 도와주셨습니다. 일주일에 세 번 정도의 정기적인 모임에 저녁을 준비하는 것은 퇴근 후의 숙제였습니다. 그럴 때마다 어머니가 계셔서 참으로 좋았습니다.

명절 준비할 때, 어머니 생신 준비할 때, 손님이 올 때 어지럽힌 뒷정리는 언제나 어머니 몫이었습니다. 만두를 빚을 때 어머니는 김치를 두 손으로 꼭꼭 눌러 짜고, 밀가루 반죽을 소주병으로 밀어주셨지요. 얇은 만두피로 바꾸기까지 어머니는 언제나 그 일을 추억을 빚듯이 그렇게 두껍게 빚으셨습니다.

만두피를 손으로 빚어야 씹히는 맛이 있고, 잘 터지지 않는다고 말씀하셨으나, 만두피가 얇아야 만두 속이 맛있다고 우기는 저의 성화에 못 이겨 몇 번의 설 명절을 준비하면서 어머니는 오랜 입맛을 양보하셨습니다. 참으로 오만한 며느리를 용납하신 어머니께 죄송스러운 마음이 드는 것은 제 입맛이 승리한 것이 아니라 어머니의 입맛을 억지로 도시화시켜 버린 며느리의 도회적인 고집이 답답하게 옥죄어왔기 때문입니다.

어머니가 철원의 큰 형님 댁으로 가신 후 베란다에 갈 때마다 '마늘을 까야 하는데…….' 하면서도 귀찮은 일은 피해가고 싶어 웅크리는 저를 보게 됩니다.

그간 토요일마다 진로학습코칭 수업을 하느라 집에 있어 본 적이 없고, 새 학기 준비한다고 매일 출근해서 방학에도 늦게 퇴근하느라 집에서 햇빛을 만져본 적이 없었습니다.

어깨에 포근하게 내려앉는 햇살이 너무 따뜻해서 한참을 베란다에 앉아 어머니가 키우던 꽃에 물을 준 후 마늘 상자를 열었더니 마늘은 어두움 속에서 물 한 방울 없이도 팍팍한 겨울에 뿌리를 가늘게 내리고 있었고, 연둣빛 싹에 통통하던 제 살을 내주어 홀쭉해졌습니다. 뾰족한 뿌리는 봄을 향하고 있었고, 어둠 속에서 싹을 피우는 게 자신을 세월에 내려놓고 우리로 꿈을 틔우게 하는 어머니를 닮았다는 생각을 했습니다.

뿌리를 칼로 싹둑 잘랐더니 손톱에 힘주지 않아도 맥없이 홀러덩 벗겨지는 것도 어머니를 닮았습니다. 그러나 여전히 오기로 찰싹 붙어 있던 속껍질을 억지로 벗기면서 저의 아집을 보는 듯했습니다.

'혹시 어머니도 철없이 멋모르는 나의 아집을 벗겨내느라 손끝이 아리셨던 건 아닐까?'

이제서야 부끄러웠습니다.

세월 속에 욕심을 다 내려놓은 어머니 닮은 겉껍질을 까면서 눈시울이 뜨거워졌습니다. 그동안 어머니는 마늘 껍질을 묵묵히 까주며 제 삶에 그루터기 삶의 역할을 하시다가 떠나셨습니다. 마늘의 속껍질 같은 저의 교만을 미지근한 사랑의 물에 불리시던 오래 참음과 관용이 따뜻했습니다. 때로 사소한 일로 마늘의 매운 속살이 손톱 밑을 숱하게 아리게 하는 저의 모습도 생각났습니다. 저는 그렇게 끝 간 데 없이 부족하고, 남을 찌르면서도 스스로 알아채지 못했던 덜 삭은 며느리였습니다.

어머니는 깐 마늘을 대광주리에 말려 물기를 말끔히 걷어낸 후에야 절구에 쿵쿵 찧었습니다. 바쁠 땐, 뽀얀 행주로 꼭꼭 눌러 젖은 물기를 뺐습니다. 그리곤 절구에 마늘을 넣고 절구 아래엔 낡은 수건을 깔았습니다. 남에게 피해를 주지 않으려는 몸짓은 마치 며느리의 흉허물을 감싸는 배려와 닮았습니다.

매콤한 기운을 쿵쿵 찧어 유리병에 담던 어머니의 사랑이 그립습니다. 어머니의 따뜻함은 둥근 유리병 속에 투명하게 비추고, 절구통엔 어머니의 추억이 먼지처럼 뽀얗게 앉아있습니다.

이제 어머니가 베푼 사랑을 받은 자로서 사랑을 물려줄 준비를 해야 할 것 같습니다. 세월 따라 아집과 교만한 속껍질도 내려놓고, 단단한 겉껍질도 너그러이 받아들이고 싶습니다.

마늘 하나를 까면서도 어머니의 성품을 생각하게 됩니다. 어느 것에도 어머니의 냄새가 배이지 않은 곳이 없습니다.

어머니는 우리 삶에 수많은 핑계이며, 존재 이유입니다.

울고 싶어도 어머니 때문이고, 잡채가 먹고 싶어도 어머니 때문이고, 기차를 타고 싶어도 어머니 때문입니다. 어머니는 우리와 함께 있을 때와 변함없이 여전히 함께함을 느낍니다.

시집가던 날부터 어머니와 함께한 세월이 24년입니다.

어머니가 큰댁으로 가신 후에 우리 집에 여전히 열려 있는 감사의 열매를 봅니다. 날마다 그 탐스런 열매를 따며 어머니의 손길을 아쉬

워합니다.

어머니가 24년 동안 우리 집에 새벽마다 뿌려준 기도의 씨앗이 얼마나 많은지요. 아이들 마음에 할머니의 따뜻함은 영원히 식지 않는 온돌방과 같습니다. 무엇보다 저에게 물려주신 시어머니의 본보기는 제가 가장 흠모할 만한 산교육이었습니다.

어머니, 지난번에 전화에다 대고 하신 마지막의 말씀은 24년 동안을 함께한 저에게 진한 향기로 남아 있습니다.

"에미야, 넌 나한테는 말이다. 며느리가 아니라 딸이야, 딸."

제 평생에 이보다 더한 사랑의 표현이 있을까요.

"어머니, 어머니는 제 삶에 멘토였고, 따뜻한 사랑의 샘물이었고, 모든 삶의 이유였습니다. 어머니는 저의 참 어머니셨습니다."

어머니, 사랑합니다.

진심으로 존경합니다.

그리운 어머니!

통통거리며 살집 키우는
소리를 내는 다육식물

'어머니가 안 계시면 베란다의 꽃들을 다 버리고 깨끗하게 치워놓고 맨발로 다녀야지.'

그런 생각을 했던 적이 있었더랍니다. 어머니가 안 계시니 햇살이 소담스레 쏟아지는 베란다에 꽃들의 어깨가 축축 처지고 표정이 시들시들해집니다. 어머니가 쓰던 꽃삽을 들고, 군자란의 얽힌 뿌리를 살살 달래며 풀어냈습니다. 더러 뿌리가 '툭' 떨어져 나갈 때는 견습생의 어설픔이 드러나 생살이 베이듯 흠칫 놀라기도 했습니다. 좁은 화분에서 이리저리 엉켜 도저히 풀어낼 수 없는 뿌리들의 사연들을 헤아리지도 않고 둔중한 솜씨로 잘라냈습니다.

뿌리를 가르고 잘라내면서 군자란의 분갈이를 했습니다. 도톰하게 옮겨 앉아서도 어린 군자란의 모습이 당당하게 느껴졌습니다.

잎이 쭉쭉 뻗다가 유리창에 닿은 잎새는 누렇게 색이 변하면서도 한 치의 자리도 옮길 수 없는 식물의 본성은 마치 어머니의 현재 상황을 보는 듯했습니다.

화분이 넘치도록 피어난 사랑초는 진보랏빛의 삼각형 잎새로 연하디연한 모습이 처연한 아름다움을 자아냈습니다. 이곳저곳에 옮겨 앉아 조금씩 꽃을 피우는 것을 다 뽑아 한곳에 모았습니다. 햇살을 받아 환하게 얼굴을 펴는 모습을 보면서 외로움조차 때로는 아름답다는 생각이 들었습니다. 사랑초, 사랑초라는 이름을 부르며 분갈이를 마쳤습니다.

어머니도 이 꽃의 가는 허리를 조심스레 만지며 그 아름다움에 감탄하셨었지요? 이름 못지않게 처연한 모양새에서 조선 시대 여인의 이루지 못한 사랑이 가슴에 평생 머금은 그리움으로 어른거립니다.

다홍빛을 뿜어내던 제라늄은 꽃보다 잎이 무성했습니다.

시누이 집에서 가지를 꺾어 심었는데 화분 세 개에 줄기가 튼실해진 걸 보니 우리 집으로 시집온 지 한참 지났나 봅니다. 화분을 없애려고 시작했는데, 막상 흙을 만지고 보니 화분을 늘리고 있는 자신을 보았습니다. 어머니도 이렇게 화분 식구를 자꾸만 늘렸나 봅니다.

줄기는 어찌 그리 연약한지 작은 몸짓에도 튼실한 대궁이가 곧잘 꺾이곤 했습니다. 꼿꼿하게 서 있는 듯 보이지만 실상은 온몸이 작은 터에 옹골지게 무게 중심을 두고 있음을 알게 됩니다. 기대지 않고, 각자의 삶의 무게를 스스로 지는 모습이 대견합니다. 사람들은 누구든지 염치없이 곧잘 기대는 반면, 꽃줄기는 운명을 곧게 받아들이면서 바람에 흔들리며, 가뭄을 견디며, 질긴 목숨을 모질게 안으로 받아들이며 살아가는가 봅니다. 때로는 초록빛 물로 터지는 생채기도 아픈 신음 대신 초록빛 향기를 내뿜었습니다.

결이 곧은 난초는 동글동글한 돌 사이를 비집고 하얗게 뿌리를 내려두고 있습니다. 줄기 별로 툭툭 잘 갈라지는 난초도 분갈이를 합니다. 난초의 향기는 새벽이면 방안을 가득 메웁니다. 우리가 삶에 분주하고 시끄러울 때는 숨죽이고 있다가 주위가 잠잠해지고서야 비로소 자신의 향기를 낮은 톤으로 채우는 듯합니다. 그렇게 향기가 날카롭도록 짙은 이유는 뿌리에서 나온 것이 아닐까 하는 생각을 했습니다. 어머니는 난초의 꽃을 곧잘 피우곤 했지요. 저는 그냥 가끔씩 결따라 둥글게 몸을 닦아내는 일만 했을 뿐입니다.

끝도 없이 번지기를 하는 선인장의 허리를 잘록잘록 잘라서 기다란 화분에 꾹꾹 눌러두었습니다. 꽉꽉 마른 가뭄에도 안으로 수액을 공급하며 혼자서도 꿋꿋이 줄기를 만듭니다. 사막에서 감격의 붉은 울음을 터뜨리듯 겨우내 층층이 매단 꽃은 아래로 눈물을 떨구었습니다. 게발선인장이라고 하는 이 선인장은 사막이 그리워서인지 자꾸만 아래로 붉은 눈물을 뚝뚝 떨어뜨립니다. 그리움을 속으로만 숨기면서 가슴속의 그리움이 붉게 터지는 듯합니다.

그러나 저는 모든 꽃의 특성을 무시하고 골고루 물을 주었습니다. 어떤 식물은 흙을 보고 주라는데, 식물의 목마름에 관계없이 시간 나는 대로 듬뿍듬뿍 물을 주었더니, 물에 잠긴 것도 있고, 파삭파삭 타들어 간 것도 있고, 사람의 정이 그리워 말라비틀어진 것도 있습니다.

누구든 사랑은 필요에 따라 주어야 하는데, 저는 참으로 무심한 자입니다. 참으로 자격 없는 자입니다. 햇살이 좋은 날은 하루 종일 베란다에서 꽃과 이야기하던 어머니와는 달리 저는 몇 주간이나 멀뚱하게 지내다가 어느 순간에 생각난 듯이 푸진 인심을 쓴답시고 화분이 넘치도록 물을 주었습니다. 때로는 꽃들이 누런 잎으로 '정성이 없는 사랑은 싫어요.'라며 항의를 해왔습니다.

꽃에 물을 주면서 알게 되었습니다.

어머니가 한결같이 관심을 가지고 사랑했던 것은 혈육만이 아니라 모든 생명에 대한 따뜻함, 그 자체였다는 것을 말입니다.

이제 제가 베란다 꽃밭을 이어받아 더 예쁜 이야기를 꽃피워가야 함을 압니다. 때로 부족하지만, 마음만은 어머니를 모실 때처럼 조심스레 팔을 걷고 흙을 만지며 어머니의 남은 삶을 매만져보기로 했습니다. 어설프지만 저도 이제는 받은 사랑을 되갚을 줄 아는 사람이 되고 싶습니다.

어머니, 흙이 어머니 가슴처럼 부드럽습니다. 이곳에서 수많은 꽃들이 어머니 사랑을 받고 꽃을 피웠습니다. 사랑은 부드러운 흙에서 그렇게 묵묵히 생명을 키워나가는 것 같습니다.

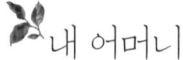내 어머니

저도 어머니를 그대로 닮은 흙처럼 부드러움을 간직하며 살고 싶습니다. 생명이 자랄 수 있는 황토는 언제 보아도 정겹잖아요. 손으로 만지거나 맨발로 서면 발바닥에 전해져 오는 그 부드러움을 잊지 못합니다.

고개를 쭉 내민 기다림이란 얼마나 쓸쓸한 것인지 이제서야 알았습니다.

혼자 집을 지키시는 어머니. 학교에서 밤늦게 퇴근해서 집으로 돌아오면 어머니는 늘 고개를 뺀 채로 베란다에서 제 종종걸음을 내려다보고 계셨지요. 젊어서는 남편을 기다렸을 터이고, 연세가 드셔서는 자식을 기다리느라 목을 빼셨을 터이고, 노년에 접어들어서는 며느리와 손주를 기다리시느라 골목 안, 먼 곳을 바라보고 계셨었지요.

"오늘은 오른쪽으로 돌아갔지?"

"예, 예원이 학교에 태워주고 가느라고요."

어머니는 우리 차가 어디를 돌아서 가는지, 차의 꼬리가 베란다의 모서리에 가려져 보이지 않을 때까지 눈길로 우리를 배웅하고서야 집안일을 하셨습니다.

우리가 급하게 먹다가 남긴 반찬을 반찬 통에 담고, 더러는 종원이가 먹다가 만 국이 아깝다며 거기에 밥 한 술 더 떠서 배를 채우셨지요.

비위 약한 며느리는 제 새끼가 먹다 남긴 밥을 안 먹는다는 걸 아시고 속으로 혀를 찼을 것입니다. 밥상에 흘린 밥알까지도 슬며시 주어서 드시는 걸 볼 때는 제가 은근히 짜증이 돋아나곤 했지요. 어머니와 눈길이 마주치면 어머니가 '왜 그라노?' 하는 표정으로 저를 쳐다보면 제가 더 쑥스러웠습니다.

우리가 떠난 빈집에 남아 혼자서 심심한 밥을 드시고, 어머니는 우리가 어질러놓은 뒷정리를 하셨습니다. 설거지 후에는 청소를 하고, 세탁기를 돌리고 잘 마른 빨래를 개었을 것입니다. 청소기를 쓰시라고 했었지만 어머니는 늘 빗자루로 방을 천천히 쓸었을 터이고, 세척기는 전기세가 아깝다며 손으로 손수 설거지를 하였을 것이며, 분쇄기 대신에 방망이로 일일이 마늘을 콩콩 찧었을 것이고, 오전에 일이 끝나면 화분에 물을 주면서 우리가 빠져나간 골목을 다시 쳐다보았을 것이며, 마른 햇살이 들어오는 거실에 앉아 버리려고 둔 구멍 난 양말을 기우면서 흐뭇해하셨을 것입니다.

어머니는 아파트에 사시면서 젊은 시절의 습관을 그대로 가져와 베란다에다 조그만 밭을 만들었습니다. 요즘 흔한 예쁜 사기 화분 대신에 흙이 담길 만한 일회용품을 버리지 않고 모아뒀다가 베란다에 일렬로 죽 늘어놓으면서 화분 식구를 늘여 나가고 계셨습니다.

그리고 나서 정 할 일이 없으면 피곤한 몸을 소파에 눕혀 쉬게 한 후에 "아, 이제 혈압약 먹을 시간이지." 하시며 느린 걸음으로 천천히 주방으로 가서 목을 뒤로 젖혀 약을 드셨을 것입니다.

그러다가 어느 날은 약을 먹는 것조차도 잊고 있다가 해 질 녘에서야 겨우 생각이 나서 "내가 정신이 없어서……."라며 듣는 이 아무도 없어도 마치 누가 듣고 있기라도 하듯 어머니는 그렇게 혼잣말을 하셨을 겁니다. 시간이 흘러 90년이란 세월이 흘렀음에도 예전의 총명함과 현재의 흐릿해진 기억력을 대비시키면서 살아가고 있었습니다.

점심때가 되면 밥맛이 없어서, 때로는 국물에다 훌쩍 밥을 말아서, 또 어떤 날은 새우젓의 짭짤함이 생각나서 한 가지 찬만으로도 넉넉히 끼니를 때웠을 것입니다. 간혹 철원에서 보내준 옥수수나 감자를 드시고서 한 끼를 건너뛰었을 수도 있었으리라 짐작이 갑니다.

식사 후에는 아무도 없는 빈집에 남아 어머니 키에 딱 맞는 소파에 깃털만큼 가벼운 몸을 살짝 눕혔을 것입니다. 더러는 집안일을 하느라 저절로 새어나오는 고단한 신음소리를 느릿한 숨과 함께 뿜어내면서 스르르 눈을 감으셨을 것입니다.

어머니의 쉼터, 어머니의 메마른 체중처럼 가볍게 지나가는 쉼이었으면 합니다. 몸과 마음의 체중을 다 내려놓고 깃털처럼 가볍게 쉬시

다가 아무 탈 없이 가셨으면 하는 바람이었습니다.

 그렇게 한숨을 돌리고 나서고 나면 오후엔 손주들이 읽다가 아무렇게나 던져 놓은 책을 "에이구, 저런 저런! 왜 저리도 악한 거야?"라고 추임새를 넣어가며 순한 감정을 섞어서 읽으셨을 것입니다.

 교회에서 진행하는 성경통독 일정에 따라 부지런히 성경을 읽으시다가, 소요리 문답서에 답을 적고, 감동을 주는 성경 구절을 보면 손주들이 쓰다만 공책에다 삐뚤삐뚤 적어나갔으리라 생각됩니다.

"야야. 이거 봐라. 지렁이가 기어간 것 같제?"

 어머니의 공책에는 늘 지렁이가 꿈틀거리며 살고 있는 듯이 보였습니다. 연세가 들수록 손목에 힘이 없어지면서 글씨에도 힘이 빠져 가로획이 힘없이 처지곤 했습니다. 촘촘하던 젊은 시절의 글자 간격도 어머니의 느릿한 걸음을 닮아 아흔 고개를 넘어가느라 쉬엄쉬엄 쉬어 간 흔적이 역력했습니다.

 저녁이 되면 된장에 호박, 풋고추를 썰어 맛있는 된장을 끓이십니다. 어머니가 끓이시는 된장국은 강원도식 정감이 철철 넘치는 된장국이었습니다. 내가 흉내를 내려고 애써봐도 어머니의 된장국을 따라갈 수 없었습니다. 우리는 저녁 시간에 한 상에 둘러앉아 아이들의 학교 이야기와 교회 이야기를 내 일상과 아범의 일상을 한데 버무려 쓱쓱 비벼 먹었습니다. 어머니가 끓이신 된장찌개만큼이나 구수하고 얼큰한 저녁 시간이었습니다. 어머니는 출근을 하거나 등교를 하지 않아도 아이들의 친구와 학교 선생님들의 삶과 교회 식구들의 이야기를 훤하게 꿰뚫고 계셨습니다. 그래서 어머니는 며느리 학교의 교장, 교감 선생님에게 못난 며느리를 잘 봐달라는 뜻으로 강원도에서 보내준 도토리 가루를 직접 쑤어 도토리묵을 갖다드리라고 제게 싸준 적도 있었지요.

"교장 선생님, 우리 어머니가 고맙다고 가져다 드리라고 했습니다."

그렇게 도토리묵을 건넬 때면 예전의 부모님들이 존경하는 선생님들에게 갓 낳은 날계란을 가져다 드리라고 했던 어린 시절의 추억과 겹쳐졌습니다. 어른들은 항상 고마움을 그렇게 작은 물건에라도 담아서 마음을 전하곤 했습니다.

때로 힘든 일을 말하면 "아니, 그분이 요즘 왜 그러시냐?" 하며 제 편을 들어 주었습니다. 언제나 어머니는 저에게 든든한 아군이었으며 후원자였습니다.

저녁 식사를 하면서 우리는 하루 이야기를 반찬 삼아 벌겋게 비벼 먹기도 하고, 알싸한 고추 장아찌를 베어 먹고서 매운맛에 호호 불기도 했습니다.

때로 화분에서 고추를 몇 개 따오시면 "우와 진짜 맛있어요. 싱싱하니까 더 맛있어요."라는 말에 어머니는 벙긋 웃으시며 아직 덜 자란 화분에 더 큰 정성을 들여서 키우셨을 것입니다.

때로는 "아유, 매워요."라고 물을 들이키면 안타까운 마음으로 그윽히 저를 바라보시곤 했습니다.

그냥 몰래 뱉으면 될 것을, 매사에 어머니의 심정을 헤아리지 못하고 철없는 며느리 짓만 한 것 같아 송구스럽습니다. 이런 사랑을 받다가 보니까 며느리라고 생각하기보다는 그냥 딸이라고 착각하며 24년을 살아온 것만 같습니다.

저는 '어머님'이라고 불러본 적이 없는 무례한 며느리입니다.

다만 용돈 드릴 때 "어머님, 이번 달에도 감사해요. 늘 건강하세요."라고 봉투에 적을 때만 어머님이라고 불렀던 것 같습니다. 저는 어쩌면 진정 어머니의 딸이 아니었을까 하는 착각에 빠져듭니다. 참 편하게 지내온 24년이란 세월이었습니다.

어머니가 빈집에서 우리를 기다리던 그 기다림이 지루하셨던지 아이들의 방학을 손꼽아 기다리는 모습을 바라보면서 그 기다림이라는 시간이 얼마나 지루한 숙제인지를 비로소 깨닫게 됩니다.

평생 자식을 기다리신 어머니, 어머니의 긴 기다림을 생각하면 학교에서 일을 일찍 끝내고 집으로 가서 어머니의 허전함을 같이 나누지 못했다는 아쉬움이 후회로 다가옵니다.

무엇이든 시간이 흐르고 나면 다 후회로 남는다고 하지만, 어머님이 철원으로 가시고 나니 참 소중했던 추억이 제 손에서 쏙 빠져나간 것 같고, 저의 부족했던 점들이 점점 크게 확대되어 아쉬움과 죄송함으로 가라앉습니다. 다시 깨닫는 것은 우리 삶에서 가장 소중했던 것은 어머니와 함께 살았던 그 시간들이었다는 것입니다.

모든 게 지나고 보면 더할 수 없이 값진 것이었음을 느끼게 된다고 하지요. 그래서 보화는 그 당시에는 알 수 없는 가치였다가 시간이 점점 지날수록 그 가치가 높아진다고 하지요. 보화는 언제나 현실 속에 감추어져 있는데 말이지요. 그러고 보면 어머니와 함께했던 시간들, 어머니의 존재란 측량할 수 없는 가치를 지닌 보화였습니다.

새하얀 모시옷 같은 여인

 어머니, 평생을 기다리며 살아온 어머니의 삶이 이제는 골목으로 고개를 그만 내밀고, 편안히 소파에 누워 계셔도 될 것만 같습니다. 노심초사하면서 우리들에게 더 좋은 것으로 해주려고 애를 쓰시는 모습을 보면서도 저는 아무렇지 않게 여겼던 지난 시간들이었습니다. 어머니란 이름은 언제나 자식을 향한 해바라기와 같은 삶의 운명이라는 것을 이제서야 깨닫습니다.
 모시의 촘촘한 올을 닮은 정갈한 삶, 새하얀 모시 올처럼 그리운 우리 어머니. 섬세한 올이 촘촘히 엮어진 모시가 살갗에 닿으면 그 까슬한 맛이 여름 무더위를 이겨 낼 수 있듯이 어머니와 함께한 삶의 시간을 생각하면 감사함이 제 안에서 출렁거려서 이제는 어떤 어려움도 거뜬히 이겨 나갈 자신이 생깁니다. 모시는 세월이 오래될수록 하얗게 낡아가면서도 눈부시도록 뽀얀 시원함을 가져다주잖아요.

"어머니, 풀이 너무 빡빡한가요?"

"그래, 이렇게 하면 옷이 뻐덕뻐덕해서 갑옷 입은 것처럼 겉돌게 된다."

"예, 그러면 물 한 컵만 더 부을까요?"

"일단 부어 봐라."

"예."

"그래 됐다. 그만."

한 컵인지, 반 컵인지 묻는 며느리에게 그냥 부으라고만 하십니다. 그러고선 그저 물에 손을 담그고서 "휘이휘이" 저으며 풀의 농도를 맞춥니다. 모시옷을 조물조물 만지면서 풀이 손에서 미끄러져 빠져나가는 감촉으로 농도를 재시는 어머니.

햇살에 보송보송하게 마른 모시옷을 걷어 풀물을 조물조물 매만지시는 어머니의 손길은 늘 신기하기만 했습니다. 마치 갓 낳은 아기를 목욕시킬 때와도 같다는 생각을 했습니다. 그러고 나서 조심스레 풀기를 짜냅니다. 너무 세지도 않고 너무 약하지도 않게 야윈 손에서 허연 풀기가 뚝뚝 떨어져 나오는 것을 봅니다. 저는 어머니를 따라 옆에서 풀물을 짜낼 때마다 손가락 사이로 미끄러지는 풀물이 차암 부드럽게 느껴졌습니다. 바짝 마른 모시옷이 칼칼해 있다가 풀물에 젖으면 금세 빳빳함이 사라지고 부드러워지는 것이 신기했습니다.

풀을 먹이는 시간은 씨실과 날실의 올 사이로 풀기가 몰래 숨바꼭질하는 시간이었을 겁니다. 올과 올 사이에 숨은 풀물을 조금씩 짜내면 미처 숨지 못한 발걸음이 분주히 미끄러져 나옵니다. 옷결에 따라 손질을 한 후 햇살에 다시 내다 말리면 햇살보다 더 환하게 마르는 것을 봅니다. 풀기가 아직도 살짝 남아 있을 때 다시 옷의 모양에 따라 매무새를 매만집니다. 어머니는 손이 많이 가는 웃옷을 손질하고, 손이 둔한 저는 치마를 주로 손질하면서 어머니의 손길을 힐긋힐긋 훔쳐보는 재미에 푹 빠져듭니다.

어머니는 가지런하게 모양새를 다듬은 다음에 옷을 소중하게 수건에 싸서 밟습니다. 체중 40kg의 몸으로 눌러도 모시는 촘촘하게 자리를 잡아 뻣뻣한 결기는 어느 순간에 다소곳하게 죽습니다. 어머닌 여린 몸으로 꼼꼼하게 밟고, 저는 묵직한 체중을 실어 꾹꾹 밟으며 옛이야기를 하곤 했지요. 어머니가 어렸을 적에 디딜방아를 찧었다던 이야기, 봄철이면 산으로 산나물을 캐러 나갔던 이야기, 소 꼴을 베러 논둑을 타며 풀을 베던 이야기를 들으면서 저는 졸음이 밀려왔습니다. 어머니와 모시를 손질하는 시간은 어머니의 삶과 저의 삶이 자연스레 만나는 시간입니다. 마치 물길이 자연스레 만나 같이 흐르듯이 말이지요.

6·25 전쟁 중에도 등불이 없어 컴컴한 방 안에서 익숙한 손놀림만으로 모시옷을 짓던 젊음, 밭일을 하고 와서 밤에도 몸을 눕히지 못하고 모시를 짜는 일은 오히려 고단한 일상을 풀어내는 시간이었을 것입니다. 옷을 다림질하는 동안 어머니는 예전의 이야기를 모시 올처럼 가느다랗게 뽑아냅니다. 어머니의 삶이 통째로 드러나는 시간입니다.

어머니, 옷을 다리면서 듣는 어머니의 실낱처럼 질긴 삶의 타래가 참 힘겹고, 그 올올의 삶이 모질게 이어져 저에게 이르렀구나 싶어 안타까울 때도 있었습니다. 어머니의 질기고 험난한 삶에 비하면 제 삶은 아무것도 아니었습니다. 오히려 어머니의 삶에 비하면 저는 사치입니다.

어두컴컴한 방에서 "탁탁" 소리를 내며 북을 당기던 어머니. 그 밤에 탄생한 옷감은 피난의 설움과 자식들을 키워내야 하는 어미의 고단함이 눈물로 짜여지는 것이 아니었던가요? 어머니는 모시옷을 손질할 때마다 예전의 삶을 꾹꾹 눌러 손질하는 것은 아닌가 하는 생각이 들었습니다. 삼을 가늘게 찢어 올로 만들고 그것을 가늘게 이어 모시 한 필을 짜는 삶, 그러나 세월이 갈수록 옷을 짓는 것보다 더 무섭게, 빨리 헤지는 옷섶, 그렇게 매일 밤을 밝히며 옷을 짓고 새벽에는 굴뚝에 연기를 피워올리며 키웠을 나의 남편. 이제는 편히 쉬셔도 누가 뭐라 할 사람이 없는데도 어머니는 밤마다 모시옷을 짓는 마음으로 우리들을 지켜보고 계시는 거지요.

"얘야, 내가 없거든 모시옷은 이제 그만 입어라."

"왜요? 저도 손질할 수 있는데요."

"직장 일하랴, 옷 손질하랴 바쁠 터인데, 그냥 요즘 유행하는 옷 입고 다녀."

말씀 한 마디에도 언제나 며느리가 고생하지 않기를 바라는 배려가 담겨 있었습니다.

여름의 뙤약볕에 내널어놓은 일상을 거두어 밤이면 희미한 호롱불 빛 아래 베틀에 앉아 일상들을 하나씩 씨실과 날실로 짜내시던 삶. 그것은 고단함 이전에 산골에서의 평범한 일상이었고, 따갑게 내리쬐는 삶이 아니라 여름밤의 시원함을 불러오는 시간이었습니다.

전쟁 와중에도 어두컴컴한 뒷방에서 모시를 짰던 부지런함이 피난 와서 살림의 밑천이 되었다는 요긴한 행복을 말씀하실 때 부지런함이 주는 결실은 언제나 아름다움을 낳는다는 것을 알게 해주었습니다.

구둑구둑 마른 옷을 그냥 말리기도 하지만, 모시의 올올에 숨어 있던 풀물이 드디어 제자리에 꼿꼿하게 들어앉아 있을 때 뜨거운 다리미에 모시의 살이 반질반질하게 데이면서 주인에게 시원함을 남겨 줍니다. 제 몸을 불살라 주위를 밝히는 촛불처럼 모시가 풀을 머금어 다림질에 눌리고 나서야 비로소 모시의 시원함이 마무리됩니다.

"아니, 요새 젊은이가 어떻게 모시 손질을 하는가요?"

교장 선생님은 그것이 늘 궁금했던가 봅니다.

"예, 시어머니께서 손질해 주시거든요."

"아이구, 좋은 시어머니를 두셨구먼."

"예, 저도 평생 그렇게 생각하며 살아왔어요."

모시옷의 까칠까칠한 시원함의 뒷면엔 언제나 어머니의 노고가 구김살 하나 없이 빳빳하게 남아 있습니다. 어머니의 사랑을 자랑하며 여름철이면 13년째 모시옷을 입고 다녔습니다.

어머니가 손질이 많이 간다고, 시원하지만 불편함도 있다면서 모시

옷을 입지 말라고 하셨건만, 어머니와의 추억을 생각하면서 부지런히 옷을 입습니다. 어머니 없이 혼자서 삼베 이불과 요, 베갯잇에도 모두 풀을 매기면서 내내 어머니를 생각했습니다. 이제부터는 평생 혼자서 풀물을 매길 때마다 어머니는 마음속에 깊이 남아, 저와 함께할 것입니다. 시간이 지나면 어머니에 대한 그리움도 서서히 묽어지겠지요. 그러다가 화선지에 퍼지는 먹물처럼 그리움이 은은하게 가슴에 퍼지겠지요.

  올해는 어머니 없이 여름을 보내는 첫 해입니다. 24년을 한결같이 시어머니와 며느리로 그리도 따뜻할 수가 없었는데, 큰 형님 내외분이 노년에 어머니를 모셔 가신 후로부터 한동안 허전함으로 우리 가족 모두가 가슴이 뻥 뚫린 듯이 쓸쓸하기도 했지만, 이제 일 년이 되니 그리움도 서서히 잦아듭니다.

  어머니, 남은 시간 모시옷을 입을 때마다 어머니와 손질하던 그 시간들을 기억해야겠어요. 저와 같이 붙어 앉아 조근조근 말을 나누던 그 시간 속의 어머니를 어찌 잊을 수 있겠습니까? 평생 어머니는 제 가슴속과 우리 아이들 가슴속에서 새하얀 모시처럼 뽀얗게 남아 있을 것입니다.

작은 마음을 봉투에 담아서

"어머니, 용돈을 화장대 위에 두었어요."
"벌써 한 달이 갔네. 아무것도 한 게 없는데 미안하구나."
"아이구, 어머니가 얼마나 많은 일을 하시는데요. 제가 용돈을 너무 적게 드려서 죄송하지요. 어머니가 안 계시면 제가 이렇게 편하게 직장생활을 하겠어요. 모두 어머니 덕분이에요."
"너는 새벽부터 쉬지도 못 하고 바쁜데, 나는 매일 집에서 놀기만 하잖아?"
"어머니는 집안일을 하시잖아요. 그리고 아이들 밥도 챙겨주시고 얼마나 많은 일을 하시는데요."

용돈을 드리면 어머니는 그 24년 동안 한 번도 안 빠지고 매번 고맙다는 말을 해 왔습니다. 저의 생각은 저희 가족과 함께 살아 주셔서 고맙고, 집안일 소소하게 다 챙겨주시고, 우리가 아침마다 휑하게 떠나버린 그 자리를 따스한 온기로 지켜주신 것에 대해 제가 감사하는 거예요. 사람의 온기가 그대로 남아 있는 집이 얼마나 정겨운 것인지 아세요? 사실 저는 월급을 받을 때마다 한 달에 한 번 용돈을 드리지만, 어머니는 매일 제가 드리는 용돈의 값어치보다 더 큰 풍성한 사랑을 우리들에게 주셨습니다.

15년 전에 남편이 학교에 사표를 내고서 신학교에 들어갔을 때였습니다. 맞벌이를 하다가 혼자 직장 생활을 하면서 생활비를 아끼느라 제일 먼저 깎아낸 것이 야속하게도 친정어머니와 시어머니의 용돈이었습니다. 지금 생각해보면 참 모질고 야박한 결정이었습니다.

어른들에게 있어서 용돈은 생활의 여유일 텐데 저는 친정어머니의 용돈은 끊고, 시어머니의 용돈에서 얼마를 빼고서 드렸습니다. 어른들이야 다 이해를 하시겠지만 월급날이 될 때마다 야멸찬 마음을 가져야 하는 저를 많이 괴롭혔습니다. 그러다가 얼마 안 되어 친정 엄마가 돌아가셨는데 그때 저는 남몰래 더 많이 속상해 하고 가슴이 아팠던 기억이 납니다.

평생을 길러준 자식이 용돈을 끊었을 때 어머니는 겉으로는 괜찮다고 하셨지만, 예전보다 더 안쓰러운 눈길로 딸을 지켜봐야 했던 친정 엄마의 쓰라린 속내를 더 아프게 한 것 같아 늘 송구스러웠습니다.

그래도 시어머니는 우리 아이들 키워 주신다고 저의 도리를 해야 한다면서 드렸지만, 친정어머니의 용돈을 끊어버린 것을 알면서 어머니의 마음도 편치 않았을 것이라고 짐작하고 있습니다.

"어머니, 아범이 이제 신학생이 되어서 용돈을 적게 드리게 되어서 죄송해요."

"괜찮다. 네가 더 고생이다."

짧은 그 말에 시어머니의 못다 한 언어가 더 오래오래 여운으로 남았습니다. 가족은 한 수레를 밀고 당기면서 같이 끌고 가는 것이라는 것을 느꼈습니다. 그날 이후로 더욱 나를 애처로이 바라보시던 어머니. 저는 그 마음을 읽었습니다.

제가 사 드릴 수 없는 맛난 것을 사 드시라고 용돈을 드렸건만 어머니는 항상 돈을 허투루 쓰는 법이 없었습니다. 그렇게 차곡차곡 모아 둔 돈을 방학이 되면 저와 함께 은행에 가서 적금을 하셨습니다. 그 작은 돈이 모여 통장이 빵빵하게 차오를 때면 어머니는 참 뿌듯해하셨습니다. 어머니의 행복 바이러스에 감염되어 저도 덩달아 행복해져 오래 쿨럭거렸습니다.

통장을 정리하고 오는 날이면,

"어머니, 오늘은 어머니가 한턱 내세요."

"그럴까? 뭐 먹고 싶냐?"

"으음, 통닭이요."

"그래, 오늘은 내가 살게."

"우와와……."

그렇게 어머니는 우리들에게 사랑의 한턱을 내시고, 우리는 통닭보다도 더 바삭바삭한 어머니의 사랑을 먹었습니다.

어머니는 아들과 며느리, 딸과 사위, 손주들이 주는 돈을 차곡차곡 모아서 통장에 꼭꼭 쌓아두었습니다. 어머니 손에 들어가면 절대로 밖으로 새나가질 않았습니다. 가끔은 혼자서 먹고 싶으신 것도 있었을 터인데, 냉장고에서 우리가 먹다 넣어둔 김치를 꺼내 밥에 물을 말아서 훌훌 넘기셨을 것입니다.

"예전에 시골에서 땅을 살 때도 이런 재미가 있었단다. 돈을 모아 모아서 논밭을 살 때는 몇날 며칠 안 먹어도 배불렀고 어깨가 저절로 쫙 펴지곤 했지. 돈을 쓰는 것보다 모으는 재미가 더 쏠쏠하더라. 나는 쓰는 것보다 모으는 게 더 재밌어."

"어머니, 그냥 드시고 싶은 것 사 드시고, 입고 싶은 것 사 입으시라고 드리는 거예요."

"먹을 것 수두룩하고, 입을 옷이 가득한데 뭘 새로 사니?"

"그래도 쓰고 싶을 때 쓰세요. 참지 마시고요."

매양 입던 옷을 입고, 단지 모으는 재미로 그렇게 평생을 사셨습니다. 게다가 1년에 한 번씩 노령연금이 차곡차곡 쌓여서 적금처럼 묵은 돈을 찾아서 적금을 만들고 나면 어머니는 돋보기를 쓰시고 숫자를 열심히 읽으셨습니다. 저의 설명을 다 듣고 나서도 다시 한 번 손가락으로 동그라미를 쿡쿡 찍으며 숫자보다 더 배부른 행복을 되새김질하셨습니다.

그런데 우리가 성전 건축을 한다면서 전 교인이 헌금을 작정하였을 때, 어머니는 조용히 통장을 내미셨습니다.

"어머니, 됐습니다. 저희들이 할게요. 어머니께서 평생 재미로 모으신 것을 저희들이 어떻게……."

"아니다. 아들이 교회를 짓는데, 이보다 더 이상 기쁜 일이 있겠니?"

"어머니의 뜻은 알지만, 어머니가 그것을 다 드리면 마음이 너무 허전할 것 같아서요. 정 그러시다면 반만 드리고, 반은 어머니가 갖고 계세요. 그래야 저희들도 마음이 편할 것 같아요."

그날 어머니는 남편에게 통장과 도장을 죄다 주었습니다. 그래서 통장의 반을 헐어 교회에 어머니의 이름으로 헌금을 하였습니다. 어머니는 헌금하신 것도 기쁘고, 남아 있는 통장도 여전히 좋아하셨지요.

저는 어머니께서 통장을 다 헐어버리고 나면 그 허전함을 어떻게 채우실까 하는 걱정이 앞섰거든요. 내심 걱정되어 반만 드리라고 했었지요. 저는 어머니와 오래오래 같이 살고 싶었거든요.

저희 부부도 기뻤습니다. 성전 건축에 어머니가 동참하신 것도 기쁘고, 드리고도 남음이 있어서 더 좋았습니다.

우리는 손을 잡으며 약속을 했습니다.

"여보, 우리 어머니의 통장을 그대로 둡시다. 그리고 어머니께 정말 잘 합시다."

"그럼요, 여보, 제가 어머니께 더욱 잘할게요."

우리는 몇 번이고 그렇게 다짐을 했고, 그것은 가슴 저 밑바닥에서 우러나는 진심이었습니다. 눈물 자국을 꾹꾹 누르면서 가슴에 묻어 놓은 진심이었습니다.

그러나 교회 성전 건축이 진행되면서 생각했던 것보다 돈이 더 필요했고, 돈을 구할 방법이 없던 터라 끙끙거리며 남편이 점점 야위어 갈 때였습니다.

"어멈아, 아범이 밥도 안 먹고 왜 저리 까칠해지냐?"

"예, 사실은요. 아범이 말하지 말라고 했는데요. 건축하는 데 돈이 모자라서 그러는 것 같아요."

"그러면 통장에 있는 돈을 써라."

"어머니, 그건 안 돼요. 그건 어머니의 삶 자체인데 우리가 힘들다고 어떻게 어머니의 삶을 다 써요. 저희들이 해 볼게요. 하나님이 사람을 통해서 보내주시겠지요."

"나는 필요 없다. 내가 죽을 때 가져갈 것도 아니고, 아범 마음이 편해야 보는 어미 마음도 편한 법이다."

"어머니, 조금만 더 기다려 보고요. 진짜 힘들면 그때 말씀드릴게요."

"마음 졸이지 말고, 그 돈 쓰는 게 더 낫다."

어머니의 통장을 쓰지 않으려고 우리는 필사적으로 기도했습니다. 온몸으로 봇물이 터지는 것을 막으려고 했지만 너무 힘겨웠습니다.

"어머니, 이왕 어머니께서 건축헌금으로 작정하신 것을 의미 있게 쓰려고 합니다. 교회 탑을 어머니의 이름으로 세우려는데 어떠세요?"

"그래라. 진작에 그렇게 하지."

그날 밤, 우리는 어머니에 대한 죄송함으로 마음이 무거웠지만, 바꾸어 생각하면 어머니의 평생을 하나님께 드린다는 기쁨을 먼저 생각하기로 하였습니다.

교회 종탑을 세우던 날, 우리는 어머니를 모시고 교회를 한 바퀴 돌며 3층에 올라가 조용히 바깥 경치를 바라보았습니다. 돈을 의미 있게 쓰고 난 후의 어머니의 마음엔 풍요로움이 가을 들녘보다 더 황금빛으로 일렁거렸습니다.

어머니는 "우리 아들이 목사가 되어 교회를 건축하였구나. 아이구, 고맙네. 감사한 일이구나."라고 감격해 하셨습니다.

목회의 길이 결코 쉬운 길이 아님을 성전 건축의 과정을 통해서 뼈저리게 확인하였습니다. 그러나 하나님의 일에 귀하게 쓰임 받는 것이 평탄대로만은 아니라는 것을 안 것도 정말 감사한 깨달음이었습니다.

'성전 건축'이라는 네 글자 속에 숨겨진 숱한 눈물과 가시밭길을 지켜보시면서 기도로 힘을 보탰던 어머니의 간절함을 저는 압니다. 어머니가 걱정하실 것 같아 아무것도 내색하지 않으려 하였으나 저는 힘겨운 그 일을 금방 들통 내고 마는 철부지 며느리였습니다.

그 힘겨운 길을 걷는 동안 어머니는 두레박에 기쁨의 물을 길어서 우리의 빈 물동이에 가득 채워놓으신 것입니다. 어머니가 계셔서 우리 집 함지박에는 물이 마르지 않았습니다.

텅 빈 통장, 기다란 세월만큼의 액수가 쌓였다가 훌쩍 없어지고 난 다음에, 껍데기밖에 없는 통장을 볼 때마다 저희들은 늘 송구한 마음이었습니다. 어머니의 질긴 삶을 우리가 다 파먹어 버린 것은 아닌가 하고 후회스러웠습니다. 그러나 어머니의 삶이 교회를 쌓는 벽돌이 되어 한 장, 한 장씩 쌓여 올라갈 때마다 미안함을 애써 감추려고 애를 썼습니다. 어머니가 철원으로 가시고 없지만 집안에도 교회에도 어머니의 손길이 다 남아 있습니다.

어머니가 평생 모은 돈이 그렇게 교회의 벽돌이 되고, 종탑이 되고, 데코가 되었습니다. 어머니의 빈 통장엔 이제 채울 수 없는 텅 빈 시간만 남았습니다.

어머니, 저의 삶에서도 종착역이 가까워 오면 어머니처럼 마음의 통장에서 모든 걸 빼서 아름다운 것에 다 쓰고서 빈 것으로 남기겠습니다. 교회와 이웃을 위해 부지런히 베풀고 나누다가 저도 어머니처럼 홀가분하게 가야겠습니다.

어머니는 우리에게 '아낌없이 주는 나무'입니다.

어머니의 젊음의 그늘을 다 드리워 주셨고, 기도의 열매를 보여 주셨고, 통장의 줄기를 뭉텅 베어 주셨고, 삶의 전부를 아낌없이 주시다가 철원으로 떠나신 분이십니다.

어머니께 드릴 게 없어 마음을 담아 이 글을 씁니다.

'어머니, 정말 고맙습니다. 그리고 진심으로 사랑합니다.'

갈퀴처럼 거친 손으로 일군 그동안의 삶의 터가 아름답게 보이기 시작했습니다.

내 마음의 텃밭

어머니는 6·25전쟁 이후로 강원도 철원군 갈말읍 용화리에다 뿌리를 내렸습니다. 그곳에서 군인들이 훈련하면서 쏘아댄 포탄 껍데기를 줍기 위해 생명을 담보로 고철을 주워서 팔았습니다. 그것을 모아 한 평, 한 평 땅을 넓혀 나갔습니다.

어렸을 적에 땅따먹기를 하던 놀이가 생각납니다. 마당 한 구석에 네모를 그려서 금을 긋고, 반쯤 손을 벌려 반원의 내 집을 그리고 나서 세 번의 옥돌을 튕겨서 그 반원 안으로 들어오면 그 땅은 모두 내 땅이 되었던 그 시절의 이야기를 말입니다. 어린 날의 추억에 어머니의 삶이 조용히 겹쳐집니다.

어머니는 용화동의 땅을 그렇게 한 평씩 사들였고, 내 땅이 될 때마다 남들이 알지 못하는 뿌듯한 배부름과 행복한 숨을 들이키셨습니다. 아무것도 없는 집안에서 삶을 일구기란 그리 녹록치 않았을 것입니다.

개미가 구멍을 파면 아무리 거칠고 딱딱한 땅일지라도 개미의 부지런함이 빚어낸 흔적의 부스러기들은 해수욕장의 모래처럼 부드럽습니다. 그래서 개미의 부지런한 놀림을 구태여 보지 않아도 그들의 분주한 발놀림을 추측할 수 있습니다. 그런데 어머니는 개미처럼 부지런하여 손이 닿는 곳이면 언제나 황무지가 옥토로 변해 갔습니다.

만촌동에 살 때는 군부대 담벼락을 따라 배추를 심었습니다. 공사장의 철근과 전봇대 등 어지럽게 널려진 공사장의 바깥 쪽 빈 터에 조금 남아 있는 공터도 그냥 지나치지 않았습니다.

담 밑엔 부드러운 흙이 담장 아래에 폭신하게 내려앉아 있었습니다. 마구 자란 풀을 다 뽑아내고서 거기에 배추, 파를 심고, 아침저녁으로 물을 주셨습니다. 그게 어느 날에는 겉절이가 되고, 양념이 되어 식탁에 올라왔습니다. 자식들 여럿 키우시느라 빈 땅만 보면 씨앗을 뿌려 먹을 것을 길러 내셨던 습관이 도시에 와서도 고스란히 남아 있습니다.

어느 날, 어머니는 계단에서 넘어져서 얼굴의 멍이 쉬 사라지지 않았습니다. 멍이 시퍼렇다가 누렇게 바래지는 시간이 꽤 오래 걸렸고, 그럴 때는 제가 대신 텃밭으로 나갔습니다. 어머니가 심은 배추의 연둣빛이 싱싱했습니다. 배추를 뽑으면서 좋은 땅에 뿌리를 내리고 산다는 것, 누군가의 도움으로 자란다는 것은 캄캄한 흙 속에서 생명을 피어 올리는 것과도 같다는 생각을 했습니다.

촘촘하게 자란 배추를 군데군데 솎아 내는데 덩달아 따라 나온 흙의 감촉이 부드럽습니다. 금방 연둣빛 물이 퉁퉁 튕겨 나올 것 같은 싱싱함은 뿌리를 통해 끊임없이 수분과 영양분을 체관부과 물관부를 통해 뿜어 올린 결과이겠지요. 식물도 부지런해야 잎에 살이 통통하게 오른다는 이치를 알게 되었습니다. 살아 있다는 것은 보이지 않는 곳에서부터 부단히 애를 씀으로써 나타나는 인내의 열매라는 것도 알았습니다.

어머니는 어디서든 뿌리를 굳게 내리고 삶의 자양분을 만들어냈습니다. 어머니는 경기도 포천의 중괄리에서 강원도 철원군 갈말읍 용화리로 삶의 뿌리를 옮기고서 그곳에서도 억척같이 많은 열매를 맺었습니다. 때로는 쌉싸름한 열매로, 때로는 단백한 배추로, 때로는 눈물겨운 양파의 매운맛도 내셨겠지요. 길 가 어느 길섶에는 옥수수 씨앗을 가지런히 뿌려 찰옥수수를 쪄 내시던 모습도 기억합니다. 가지런한 삶의 열매를 맺은 옥수수 알을 먹으며 우리는 어머니에게서 결 곧은 삶을 배웠드랬습니다.

아이들의 땅따먹기 놀이가 해 지는 줄 모르고 이어지는 것처럼, 어머니는 그렇게 어둑어둑한 어둠이 쉬이 내리는 줄도 모르고서 계속 땅을 넓히며 자식들을 키우는 일밖에 모르는 여자였습니다.

'공터는 위험하오니 일체의 출입을 금합니다.'

어느 날, 어머니의 텃밭에 꽂힌 노란색 안내문에도 눈 하나 깜짝하지 않으시고 채소를 심으시더니 동네 사람들의 이목을 의식한 아들 내외의 끈질긴 설득에 못 이겨 2층 전셋집 베란다에다 화단을 만드셨습니다. 어머니는 손만 대면 땅을 척척 만들어 내셨지요. 아래층에서 힘들게 흙을 옮겨와 화단을 만들고 거기에 고추와 상추를 듬뿍 심었습니다.

평생을 농사만 지으시며, 땅을 벗 삼아 살아온 시간들을 어디 버릴 데가 없어서 늘상 땅과 같이 사시려고 그러셨습니다. 빈 공터도 어디서든 땅만 보이면 자갈을 골라내고 호미로 흙을 탁탁 부수어 삶의 거친 장애물을 다 걷어내고선 씨앗을 흩뿌렸습니다.

결국엔 집 앞 공터에도 호박과 고추, 눈에 좋다는 결명자, 신경통에 좋다는 케일을 잔뜩 심었습니다. 세 살 된 손주를 텃밭으로 데리고 나가서 고추를 따는 사진 속의 모습은 아직도 풀물이 묻어나올 것처럼 싱싱하게 남아 있습니다. 그 사진이 빛바랜 아이들 앨범 속에 그대로 누워 있는 것을 보고서 저는 사진을 슬며시 쓰다듬어 보았습니다.

아이들이 점점 커 가면서 2층 전셋집에서 23평 아파트로 이사를 하게 되었습니다. 어머니는 2층 좁은 베란다에 일궈놓은 미니 텃밭과 앞 공터의 두 평 남짓한 텃밭을 두고 오는 게 못내 섭섭했던가 봅니다. 이삿짐을 싸는 날 그곳에서 서성이고 계시던 그 모습을 아직도 잊지 못합니다. 2층 텃밭은 새 주인이 밭으로 쓰면 되겠지만, 공터의 텃밭은 새 주인을 찾아주지도 못 하고 떠나온 섭섭함이 그대로 남았습니다. 아마 누군가가 어머니 대신에 물을 주고, 누런 잎을 따 주며 기르고 있겠지요.

내 집이 생긴다는 기쁨이 커서 어머니의 텃밭은 낡은 물건 버리듯 미련 없이 버리고 왔지만 어머니는 이사 온 후에 교회를 정한 것 외에 가장 먼저 공터를 찾으러 나가신 것을 보면 텃밭에 대한 미련이 묵직하게 남아 있었던가 봅니다.

드디어 아파트 옆, 변전소 건립 예정지에 각종 폐기물이 버려져 있는 곳을 발견한 어머니의 얼굴이 금세 환해졌습니다. 토요일 오후가 되면 저도 어머니를 따라 돌멩이를 줍고 씨앗을 뿌리는 일을 따라 했습니다. 땅이 가물면 물을 주었고, 음식 찌꺼기를 모아 거름을 만들어 땅 속에 묻어 주었습니다. 비료와 농약을 쓰지 않고 오직 정성으로만 키운 깻잎과 고추는 어느 푸성귀와 비교할 수 없을 정도로 맛있었습니다.

어느 해인가 여름 배추가 잘 되어 교회 점심 식사용으로 쓸 만큼 풍성해졌는데, 농약을 치지 않은 탓에 온갖 벌레들이 달라붙어 있었습니다. 나물을 다듬다가 꼬물거리는 벌레를 보고서 기겁을 하면 어머니가 손을 쑥 내밀어 벌레를 잡아내었습니다.

몇 해 동안 그렇게 주인 없는 밭에서 채소를 잘 가꾸어 먹다가 변전소 대신 소방서가 들어서는 바람에 어머니는 또 다시 취미 생활을 잃어버리셨습니다. 저도 안타까웠드랬습니다. 사실 몇 년 동안 공짜로 농사를 지어먹은 것만 해도 고마움을 가져야 하는데, 왜 '잃음과 빼앗김'이라는 억울한 마음이 먼저 생겨나는지 알 수가 없습니다. 어머니의 허탈해하는 마음을 제가 읽어버린 까닭이겠지요.

그러던 중에 다시 이사를 하게 되었습니다.

그곳에서는 공터를 쉽게 찾을 수 없었습니다. 그러자 어머니는 베란다에 스티로폼 통을 모아 일렬로 죽 늘어놓고선 그곳에다 흙을 채워 넣기 시작했습니다. 비닐봉지에 가득 흙을 담아와 붓고 나면 집 안에 조금씩 차오르던 흙 내음을 맡을 수 있었습니다. 농사만 평생을 하신 분이라 흙을 채우기가 무섭게 고추와 깻잎을 심었습니다. 어느 새 베란다에는 싱싱한 텃밭이 만들어졌습니다. 호미와 낫과 다른 기구들이 점점 베란다를 점령하면서 집 안이 점점 어지러워져 갔습니다. 저는 어머니를 돕다가도 이러다간 집 안이 온통 채소밭이 되겠다는 생각에 더럭 겁이 났습니다.

"어머니, 고추는 천 원어치만 사도 진짜 많아요. 이제 꽃만 키우고 채소는 그만 키우면 안 될까요?"

"아니다. 먹는 재미가 아니고, 키우는 재미가 더 크다."

"그러면 어머니 방 쪽의 베란다만 쓰면 안 될까요?"

그러나 날로 늘어가는 베란다 화분이 넘치고, 채소 화분도 점점 많아지자 어머니는 화분을 1층에 내려두었습니다. 급기야 단지 안 조경 사업으로 꾸며 놓은 잔디밭 한 귀퉁이의 터에다 파, 고추, 깻잎을 심으셨습니다.

"요새 젊은이들은 먹지도 못 하는 잔디를 가득 심어 땅을 아깝게 썩히는지 모르겠네. 쯧쯧쯧."

"어머니, 그건 땅을 썩히는 게 아니고요. 아파트의 조경을 위해서 꾸며놓은 거예요."

어머니의 기준으로는 농사일 외의 조경 같은 것은 들어본 적도 없고, 들어봤다고 하더라도 아무 쓸데없는 낭비일 뿐이라는 생각이었습니다.

경비 아저씨가 어머니 곁으로 와서,

"할머니, 여기에다 심으면 안 됩니다. 이곳은 아파트에 사는 사람들의 공용 땅이니까 할머니가 여기에 채소를 심으면 안 됩니다."

"그렇게 해 두면 고추가 열리냐? 호박이 달리냐? 왜 못 심게 하는 거야?"

"어머니, 우리 땅이 아니고 공용 땅이라잖아요?"

어머니는 절대로 이해할 수 없는 아파트 조경에 대해 이해가 되지 않았을 뿐 아니라, 아예 이해하기가 버거웠던 것 같습니다. 할 수 없이 어머니가 마음이 상하실까 봐 커다란 스티로폼 상자를 구해 와서 1층의 화단이 있는 집 앞에 두었습니다. 어머니는 부리나케 흙을 퍼다 날랐습니다. 그리고 까만 씨앗을 심었습니다. 거기에서 나온 깻잎 몇 장, 고추 두서너 개가 아침 밥상에 올라왔습니다. 그것이 어머니의 삶의 일상이요 존재 이유이며 기쁨이라는 것을 알았습니다.

어머니의 땅 넓히기는 끊임없이 지속되었고, 쉬지 않고 팔을 뻗는 넝쿨 식물처럼 빈 터를 향해 끊임없이 번져 나갔습니다. 마치 컴컴한 땅 속으로 끊임없이 뿌리내리는 어린 싹의 생명력처럼 어머니의 집념 또한 새싹처럼 푸르게 빛났습니다.

결코 멈출 줄 모르는 농사에 대한 집념, 절대로 쉼을 모르는 부지런함, 결코 노동하지 않고 얻는 것에는 편안하지 않으신 어머니의 모성을 제가 어찌 다 따라갈 수 있겠습니까. 매일 아침마다 싱싱하게 배달되는 풋고추와 오이, 깻잎을 보면서 저와 아범과 아이들은 먼 훗날 어머니의 그 정성을 잊지 못할 것입니다.
　아침마다 우물가에서 갓 길어온 항아리 물처럼 어머니는 아침마다 화분에 달리는 채소를 식탁에 올렸습니다.
　어머니의 멈출 줄 모르는 헌신에 "어머니, 고추가 진짜 싱싱하고 맛있어요."라고 말하자 그 한 마디에 어머니의 주름살이 미소로 번지고, 내 손으로 무엇이든 집안일에 기여하고 싶어 하시는 어머니의 깊은 샘물을 들여다보게 됩니다.
　어느 날, 낯선 대바구니를 발견하고서 물었습니다.
　"어머니, 이 바구니 우리 것 아닌데요."
　"누가 내다놨더라. 쓸 만해서 내가 가져왔다."
　"어머니, 우리 집에도 그런 것 있으니까 주워 오지 마세요."
　"더 있으면 좋지 뭐 그러냐?"
　그렇게 아파트 재활용 수거함에서 이것저것 쓸 만한 것을 자주 주워 왔습니다. 처음엔 베란다에 심을 화분 종류와 스티로폼 상자를 많이 가져와서 베란다를 가득 채우기 시작했습니다. 화분을 사지 않고 꽃도 심고, 채소도 심을 수 있으니까 처음엔 좋았드랬습니다.
　교회에서 교인들끼리 쓰다가 안 쓰게 된 옷과 장난감, 생활용품들을 가지고 와서 서로 필요한 이가 가져가는 것이 자연스러운 일이 되었고, 계절별로 물려주고 물려받는 것을 너무나 자연스럽게 생활했습니다. 가족끼리도 책과 옷, 신발 등을 서로 주고받으며 지냈습니다만 왠지 낯선 이웃의 것을 쓰려니 약간은 꺼림칙했던 게 사실이었습니다.

어떤 날은 우리가 형편이 어려워 남의 것을 가져와 쓴다고 생각하니 약간의 열등감이 생기기도 했고 자존심이 상하기도 했습니다. 사실 없어도 되는 것을 굳이 가져와서 내 삶의 빈곤함을 더 부각시키는 느낌이 들면서 제 자신이 초라해진다는 생각을 하기도 했습니다. 굳이 없어도 되는 것을 굳이 가져와서 집 안을 더 복잡하게 한다는 불편함이 고개를 들었습니다.

그러나 냄비 하나가 귀하던 시절을 사셨고, 이불 한 채가 그토록 귀했던 6·25전쟁을 겪은 어머니는 재활용품 수거함의 물건들이 모두 다 아깝고 귀하게 보였던 모양입니다.

어머니 입장에서 보면 하나도 버릴 것이 없는 소중한 물건이었지요. 그것을 요긴하게 쓰면 얼마나 귀한 살림 밑천인데 아깝게 마구 버리느냐는 생각이셨습니다. 어머니의 기준에서 보면 하나도 틀린 말이 아니었지요.

아파트로 옮기면서 집에서 쓰다가 버릴 만한 물건들이 생각보다 많았습니다. 사실 제 눈에 보기에도 쓸 만한 것들이 있었습니다. 서로 나누어 쓰려고 갖고 있었던 것도 많았습니다. 재활용품 수거함 주변에는 아이들이 크면서 집에서 읽던 문학전집, 아동서적 등도 있었고, 장난감도 쏟아졌고, 옷과 이불도 있었고, 소파와 의자, 전자제품 등 생활용품이 모두 집에서 쫓겨나와 재활용 수거장에 모여 있었습니다. 주인을 새로 만나 낯선 집에서 잘 적응하는 것들도 있었을 것입니다. 어머니는 바람을 쐬러 나가셨다가 집으로 돌아오실 때는 늘 손에 무엇인가가 들려져 있었습니다. 그중에서 가장 유용했던 것이 유아식탁용 의자였습니다.

큰 아이 종원이가 크면서 밥 먹을 때마다 식탁에서 함께 먹으려면 아이를 안고 먹거나, 바닥에 앉은 채로 소반을 펴고서 밥을 먹는 번거로움이 있었습니다.

"어머나, 이거 어디서 났어요?"

"오늘 새벽기도 다녀오다가 재활용하는 곳에 있기에 종원이를 앉히면 네가 편할 것 같아서 가져왔다."

"우와, 진짜 쓸 만하네요."

그날 의자를 깨끗이 닦고 헐렁헐렁한 부분에 목공풀을 바르고, 단단히 고정하여 종원이를 앉혔습니다. 종원이는 자기 의자가 생기자 혼자 앉는 것을 좋아했습니다. 그리고 그 의자는 오래오래 우리 집에 유용하게 쓰였고, 이사할 때쯤에는 우리 집 식구처럼 되었습니다. 그러다가 종원이가 크고 나서는 다른 집에서 필요하다고 해서 주었습니다.

물건이란 게 평생 쓰는 것도 있지만, 한시적으로 필요한 것이 있는데 이런 것은 서로서로 나눠 쓰는 게 경제적으로도 유익하고, 환경보호 차원에서도 참으로 필요하다는 생각을 했습니다.

언제부터인가 저는 새것을 좋아하게 되고, 옛것을 무조건 낡은 것이라는 자만심이 제 의식 깊숙이 똬리를 틀고 있다는 것을 깨달았습니다.

어머니는 자주 쓸 만한 물건을 가져와서 나누었습니다. 간혹 쓰레기를 버리러 갔다가 쓸 만한 물건이 있으면 가져왔습니다. 어떨 땐 안 가져왔으면 하는 것들도 있었습니다. 어머니는 그런 것은 아예 베란다 창고 속에 꼭꼭 숨겨둡니다. 어쩌다 대청소를 하다보면 툭툭 튀어나오는 낯선 물건들, 그런 것의 대부분은 어머니가 필요할까 싶어서 숨겨둔 것들이었습니다.

그것들을 보면서 어머니 삶에서 무엇이 그토록이나 중요했는가를 알게 되었습니다. 가장 많은 것은 단연 그릇이었습니다. 한때는 최신 유행의 것들이었을 사기그릇이 이 하나 빠진 곳도 없는데도 세트로 나와 있었던 모양입니다. 깨끗이 쓰면 예쁜 것임엔 틀림없습니다. 그 물건들이 쓰레기장으로 가는 게 아까워 가져오기는 했으나, 며느리 눈치가 보이셔서 몰래 찬장 밑에 숨겨두었던 것이 제 눈에 보였습니다. 저는 어머니의 그 알뜰함을 모른 척하며 지나가곤 합니다.

요즘은 이사를 오는 집집마다 쓰던 것들이 마구 쏟아져 나옵니다. 젊은 부부일수록 새것에 익숙하고 낡은 것은 미련 없이 버리고 사는 것을 좋아합니다. 새 집으로 이사를 갈 때는 예전의 것을 거의 버리고 새것으로 장만하는 풍조입니다. 그래서 새 아파트에는 쓸 만한 물건들이 와르르 쏟아지는 법이지요. 책꽂이, 소파, 의자 등 아직은 쓸 만한

데도 새 집에 어울리지 않는다는 단 한 가지의 이유만으로 집에서 쫓겨나는 것 같습니다. 요즘엔 게으른 남자들만 쫓겨나는 게 아니라, 낡고 구식인 것들은 다 두고 가거나 쫓아내는 모양입니다.

내 기준에 맞으면 고맙다고 하고, 내 기준에서 틀리거나 부족하면 어김없이 날카로운 비판을 보내는 요즘 젊은이들의 생각을 압니다. 학교에서도 학생들이 체육복이나 학용품들을 마구 버리는 풍조를 늘 보고 있으니까요. 그런데 잘못된 그 습성이 제게도 단단하게 뿌리를 박고 있다는 사실을 발견하고는 놀랐습니다.

어떤 때는 우리 집에 필요 없는 물건이어서 버리려고 문 앞에 가져다두면 어느 결에 없어집니다. 한참 시간이 흐른 뒤에 어머니 방을 청소하러 들어갔다가 그 방에서 낯익은 물건을 발견할 때도 있습니다. 내가 버린 물건이 어머니가 보시기에는 언젠가는 반드시 쓸 수 있을 것이라는 생각으로 어머니의 방에 갖다 둔 것이었습니다.

그렇게 살다보니 우리가 살면서 버리려고 모아둔 것은 언제나 어머니 방에 가 있습니다. 실제로 재활용장에 가져다 둔 것을 어머니는 바람을 쐬러 나가셨다가 그 물건을 보셨는지, 도로 가져오신 적도 있습니다.

"이건 시골에 농사지을 때 입으면 되겠네."

"이건 교회에서 막 쓰면 되겠네."

"이건 집사님이 폐지 모으시는 데 주면 좋겠네."

우리가 버리려고 둔 것을 일일이 요목별로 분류하여 어머니 방에

정리해 두었습니다. 그러다가 시골에 갈 때면 트렁크에 가득 실었고, 교회 가실 때에 그것들을 차에 실어다 달라고 아범에게 부탁을 하곤 했습니다. 책은 폐지를 모으는 이웃에게 가져다주고, 쓰다만 이불도 씻어서 교회에 들고 갑니다. 겨울날 새벽기도회나 철야기도회를 할 때에 몸이 허약한 노인들에게 덮으라고 꺼내주는 어머니의 그 다정함을 저는 아직도 따라가질 못하고 있습니다.

요즘은 예전보다 평균 수명이 깁니다. 가치관이 다른 세대가 함께 한 가족을 이루며 살다보니 무언가 합의나 조정을 해야 할 경우가 더러 생깁니다. 어른들의 관점에서 보면 물건 하나하나가 다 소중하지만, 젊은 사람들의 입장에서 보면 새것으로 산뜻하게 꾸며 놓고 살고 싶어 합니다.

그러나 새것이 좋을 때가 있고 오래 묵은 물건이 더 정감이 갈 적도 있습니다. 무엇이든 새것은 시간이 지나고 나면 다 헌 것이 됩니다.

갓 시집을 가서 새댁이 아이를 낳고 살림을 살다 보면 '새댁'이라고 부르긴 해도 어느덧 '헌댁'이 되고 맙니다. 재활용 수거장에 가면 모두들 한때는 새것이었던 물건들이 헌 것이 되어 밀려나는 것을 봅니다. 더러는 운 좋게도 아직은 쓸모가 있는 물건이라며 낯선 집으로 가서 요긴하게 쓰이는 의자가 되기도 하고, 액자가 되기도 하고, 새 책으로 읽히기도 하지만, 이도저도 아닌 때는 이 세상에서 영원히 없어져야 하는 운명이 되기도 합니다.

우리가 쓰는 물건이나 사람도 태어날 때부터 어떤 사명을 갖고 태어나서 사명이 다할 때까지 부지런히 그 임무를 다하다가 종국에는 사명을 내려놓고서 조용히 사라지는 것일지도 모릅니다.

어머니가 들고 온 물건들이 낯선 사람들이 사용하던 것이라는 선입견 때문에 망설였지만 어머니가 애착을 가지시는 것을 보면서 저도 따라서 정을 주기로 했습니다. 이 세상에 태어나 아직은 사명을 다하지 못한 그들에게 좀 더 일을 할 수 있도록 배려해야겠다는 마음을 가졌습니다. 부정적인 생각이 긍정으로 바뀐 셈입니다.

새것만 추구하는 이 풍요의 시대에 아직은 쓸 만한 물건을 나누는 것도 필요하다는 생각이 들었습니다.

이웃과도 더불어 살아간다는 것이 그리 쉬운 일만은 아닐 것입니다. 한 집에서도 가치관이 다른 세대가 서로의 가치관을 수용하면서 받아들이는 것이 말처럼 쉽지 않다는 것을 알았습니다. 어머니의 굳어진 습관을 받아들임으로써 오히려 나중에는 제가 더 편하다는 것을 알게 되었습니다. 가치관을 이해하는 것이 갈등을 일으키며 사는 것보다 훨씬 편하다는 말입니다.

서로 다른 삶의 배경을 받아들여 상대방을 이해하게 되면 내 삶의 땅을 넓히는 길이 되지만, 상대방의 가치관을 이해하지 않으면 갈등으로 가는 지름길을 선택하는 것이라고 봅니다.

저보다 44년 앞선 어머니의 삶을 조금씩 이해하니까 어머니 삶의 모퉁이에서 만난 숱한 눈물들이 제 아픔으로 다가오기 시작하고, 어머니의 고난이 절절한 고통이 되어 저를 이해하도록 만들었습니다.

삶의 차이를 수용하는 것은 외국 여행에서 만나는 문화의 차이처럼 낯설음이 아니라, 한 사람의 인생 여정을 더 깊이 만나는 만남의 장이라는 생각을 했습니다.

나라마다 문화의 차이는 지극히 당연한 것이요, 어쩌다가 우리와 같이 매운 것을 좋아한다든가, 우리와 같이 남아 선호사상이 있다고 하면 '아니, 어떻게 이렇게 같을 수가 있지?'하고 놀라움을 숨길 수 없듯이, 오히려 사람이 같은 생각을 한다면 그거야말로 경이로운 일이 아니겠습니까? 그러니까 한 가정에서 서로 다른 가치관을 가지고 사는 게 얼마나 자연스럽고 정상적인 것인지 확인하게 되었지요.

어머니 세대는 가난하고 배고픈 시절이어서, 물건에 대한 애착이 남다른 것은 지극히 정상적인 것입니다. 또한 그 시절엔 옷도 물려받고, 물건도 나눠 쓰는 것은 지극히 자연스러운 일이었습니다. 그래서 어머니의 옷장엔 제가 사드리지 않은 낯선 식구들의 옷이 즐비하게 들어차 있습니다. 모두 재활용 수거장에서 가져와 깨끗이 씻어서 모셔둔 것입니다.

예전엔 '그러지 마세요'라고 극구 말렸지만, 이제는 어머니의 삶과 제 삶이 서로 이해의 통로로 가치관이 서로 흐르면서 재활용장에서 쓸 만한 것을 가져와서 쓰는 건 자연스러운 일이 되었습니다. 때로는 바가지 하나라도 어머니 기준에서 보면 참으로 소중한 나눔의 실천이었던 셈입니다.

'아나바다' 장터를 따로 열지 않아도 아파트의 재활용장에서 서로

내 마음의 텃밭

자연스럽게 물건을 나누는 것은 환경 사랑의 실천이기도 합니다. 평생을 그렇게 나누고 아끼며 살아온 삶을 이해하고 나니까 갈등의 가시밭길을 슬쩍 비껴 나온 느낌입니다. 그러한 것으로 인해서 고부간의 갈등을 일으키는 경우가 많다는 것은 저도 알지요.

1994년 노벨문학상을 받은 오에 겐자부로라는 일본작가는 사람의 마음속 깊은 곳을 잘 묘사하는 작가입니다.

그가 인간의 마음을 깊이 볼 수 있었던 것은 뇌성마비를 가진 아들 때문이었다는 글을 읽은 적이 있습니다. 한시도 놓치지 않고 누군가가 끊임없이 돌봐야 하는 아들을 통해서 남의 아픔을 헤아리는 마음의 눈을 가질 수 있었다고 합니다. 겐자부로에게 아들이 있었다면 저에게는 어머니가 계셔서 사람마다 다른 가치관을 수용하고 소통하며 사는 것이 지극히 당연한 일이라고 생각되었습니다.

다른 시대를 살았던 우리가 함께 살면서 갈등을 조절하는 법을 익히는 지혜를 배울 수 있었던 소중한 기회로 다가왔습니다. 가난한 시대를 살았던 어머니와 가난의 시대를 벗어나 풍요를 사는 두 세대가 어떻게 조화를 이루어야 하는지를 조용히 조율하는 지혜를 배웠으니 저는 이 시간 누구보다도 마음이 든든합니다.

이 시대를 향해 조용한 나무람을 하시는 어머니 곁에 어정쩡하게 서 있던 제가 이제는 어머니 옆에 당당하게 서 있음을 보게 됩니다. 어머니의 그 아픔을 제가 나누어 가졌으니까요.

가슴속에 품고 사는 슬픔의 덩어리들

"아이구, 오랜만이네, 조카."
"그런데 얼굴이 많이 야위었네."
"자주 못 찾아봬서 죄송합니다."

사노라면 우리는 가끔 예상치도 못한 일을 만나기도 합니다. 이것이 인생인지 모르겠지요.

그날은 평상시와 다름없이 퇴근하여 집에 갔는데 큰조카가 집에 와 있었습니다. 할머니 품이 그리워 자주 우리 집에 오다가 어느 날부터인가 발걸음이 뚝 끊어졌는데 오랜만에 찾아왔으니 무척이나 반가웠습니다.

알고 보니 큰조카의 엄마, 즉 우리 어머니의 첫째 며느리가 경주에서 살다가 세상을 떠나고, 핏줄인 큰아들에게 연락이 닿아 그곳엘 다녀오는 길이라고 하였습니다.

전에 봤을 때보다 더 초췌해진 큰조카는,

"경주 인근 감포에 산다는 소문만 들었어요. 최근엔 몸이 안 좋아 요양원에서 지냈고, 평생 혼자 외롭게 사시다가 가셨다고 하네요."

"혼자서 많이 힘드셨겠네. 그래, 마지막으로 엄마는 봤는가?"

"임종은 못 봤지요. 말을 들으니까 돌아가시기 전에 저를 많이 보고 싶어 했다고 하는데……. 평생 그렇게 그리워했다고 하네요."

"그러면 아들을 보러 오지 그러셨어. 같은 하늘 아래서 평생을 서로 참고 사셨는가?"

"각자 사연이 있었지요. 이제 돌아가시고 나서야 나를 버린 게 아니란 걸 알았지요. 비록 제가 임종을 보지는 못했지만 이제 마음이 이리도 가벼울 수가 없어요."

큰조카는 엄마의 흔적이 고스란히 남아 있는 집에 들러 엄마의 정을 듬뿍 느끼다가 왔노라고 말했습니다. 그러면서 상실감보다는 관계 회복으로 인한 담담함이 조용히 전해져 왔습니다.

큰조카는 어렸을 적에 자신을 두고 떠난 엄마에 대한 아쉬움을 평생 품고 살았던 것 같습니다. 큰조카가 서너 살이 되었을 때 집을 떠난 엄마가 정작 이 세상을 떠났다는 소식을 접하고서 마지막으로 엄마를 찾아갔던 것이었습니다.

사는 동안 자신에게는 엄마가 없다는 상실감과 허전함을 겉으로 드러내지 않고 살아온 시간들이었습니다. 장례식을 마치고 돌아온 조카의 얼굴엔 마음속의 미움은 다 털어내 버리고 그 자리엔 낯선 그리움이 가득 채워져 있었습니다. 자신을 낳아준 엄마가 그토록이나 보고 싶어 했다는 그 말 한마디에 그 전에 가졌던 오해를 말끔히 씻어버리고 온 것이었습니다. 이제는 사랑의 흔적으로 축축하게 젖어 있었습니다. 엄마가 남긴 절절한 사랑의 유산으로 인해 축축한 그리움을 꾸둑꾸둑 말리고 있는 것이 눈에 보였습니다.

차마 풀지 못한 사랑을 장례식장에서 싸늘하게 돌아가신 엄마의 얼굴을 만나고 나서야 풀 길 없었던 정을 한꺼번에 쏟아냈을 것입니다. 이렇듯 우리들은 뜻하지 않은 오해 속에서 깊은 사랑을 놓칠 수도 있겠구나 하는 안타까움이 들기 시작했습니다.

한 사람의 죽음이 가져다주는 반응은 남달랐습니다.

사실 저에게는 가장 큰동서가 되는 셈인데 한 번도 보거나 이야기를 들어본 적이 없어서 다소 낯선 일이라고 할 수 있습니다. 그러나 큰조카에게서 가끔씩 피었다가 지는 듯이 엄마에 대한 그리움이 엿보일 때는 아련한 아픔을 주기도 했었습니다. 지아비를 일찍 보낸 지어미는 먹고 살기 위해서 돈을 벌러 떠났다가 영영 이별이 된 셈입니다. 큰동서는 혼자 살면서 아들에 대한 주체할 수 없는 그리움으로 숱한 세월 속에서 혼자 아픔을 녹여내었으리라 생각됩니다.

혼자 살아보겠다고 핏덩어리를 시어머니께 맡기고 떠났다고 들었습니다. 그런 엄마는 그리움이면서도 동시에 상처이기도 했을 터인데 끊을 수 없는 핏줄이어서 그 흔적을 더듬고 온 조카는 지금 옷걸이에서 빠져 나온 옷처럼 허물어져 있습니다.

우리는 사물을 보는 각도에 따라 완전히 다르게 느껴질 때가 있는 것 같습니다. 엄마를 떠나보낸 조카가 우리 집에 머무는 동안은 창백한 상실감으로 며칠 동안 울적하게 드러누워 있었습니다. 조카가 엄마의 우울한 유품들을 정리하여 떠날 때에 긴 세월 동안 한 번도 꺼내지 않아 메말라 있던 시어머니의 아픔이 "끙" 소리를 내며 몸을 일으키는 듯했습니다.

가끔 밭에서 돌을 들추어내면 그 아래 겨우 목숨을 부지한 채 억눌려 있었던 싹들의 흰 허리를 보았던 적이 있었을 것입니다. 어머니는 첫째 며느리의 그 아픔을 속으로만 삭이고 계셨는지도 모르지요. 조카가 하는 이야기를 그저 듣고만 있었을 뿐입니다.

그날, 저는 어머니의 삶에서 무거운 무게를 던져 버리지도 못 하고 억지로 견뎌온 질긴 아픔을 보았습니다. 자식을 잃은 시어머니는 바위에 한 번 눌렸다가 다시 며느리의 떠남에 의해 두 번 바윗돌에 눌렸을 것입니다. 어쩌면 지금까지 허리를 펴지 못하고 있었는지도 모르지요.

막내며느리인 저에게 낱낱이 이야기해줄 수 없었던 그 아픔을 압니다. 결코 놓아버릴 수 없었던 아픔. 그 아픔에의 실타래를 여전히 껴안고 살아오신 우리 어머니. 바로 핏줄의 질긴 실타래였습니다. 제가 어머니의 세월을 헤아릴 수는 없는 일이지만, 그 세월의 무게에 짓눌려 있다가 조카가 지어미의 유품을 들고서 집을 나설 때서야 어머니의 가느다란 아픔이 한숨으로 새어 나왔습니다.

"그래. 자주 연락해라. 자주 발걸음도 하고……."

어머니는 조카의 등 뒤에다 대고 슬픔처럼 중얼거렸습니다.

우리 어머니에게는 1918년생으로 일제의 잔인한 발자국과 6·25의 처절한 피비린내 나는 시대적인 절망 외에도 가족사의 슬픔이 아련하게 숨겨져 있었다는 것을 알았습니다. 그 아픔을 이겨내기 위해서 그렇게 억척같이 땅을 일구고, 한 평씩 땅을 늘려나가면서 잠시도 쉬지 않으려 하셨던 그 심정을 헤아릴 수 있을 것만 같습니다.

한 사람의 죽음을 통해 들어오는 슬픔이 각자의 마음속에 있는 프리즘을 통해 비치는 빛깔은 제각각 달랐습니다. 조카에게 비친 빛은 미움의 무거운 짐을 벗고 다시 그리움으로 덧입는 짙은 보랏빛이었을 것입니다. 그러나 어머니에게 비친 빛깔은 결코 형용할 수 없는 오묘한 빛깔로 드러나고 있었습니다. 채 삭여지지 않는 상처가 그대로 투영되어 우리가 미처 헤아리기 힘들 정도로 복잡한 빛깔이었습니다. 어쩌면 오래 전 빙하기 시대에 굳어버린 화석이 되어 있었을지도 모르는 일입니다. 어머니는 한 번도 큰아들과 큰며느리에 대한 이야기를 하지 않았으니까요.

24년을 같이 사는 동안, 단 한 번도 내뱉지 않은 어머니의 그 아픔을 그날 처음 보았드랬습니다. 지아비를 잃은 지어미도 아니고, 별안간 아버지를 잃은 철부지 아들의 입장도 아니고, 오직 큰아들을 잃어버린 어머니의 갈가리 찢어진 가슴이 숭숭 구멍이 뚫린 채로 헐떡이고 있었습니다. 마치 날카로운 칼에 벤 상처에서 검붉은 울음이 뚝뚝 떨어지는 데도 어머니는 입을 꾹 다물고 계셨습니다.

어머니가 풀어내는 뿌연 안개와도 같은 그날의 일은 두고두고 내 가슴속에 푸른 안개를 피워 올렸습니다. 참으로 짙은 안개였습니다. 마치 낡은 영사기에서 흘러나오는 흑백 필름의 지지직거리는 무성영화처럼 내 가슴에도 아픔으로 자리 잡았드랬습니다. 어머니의 아픔이 곧 나의 아픔으로 다가왔습니다. 어머니의 가슴속에서 떠나지 않는 푸른 안개의 실체는 이러했습니다.

장가를 든 큰아들이 일을 마치고 돌아와서 잠이 들었고, 큰며느리가 연탄을 갈아놓은 후 친구 집으로 마실을 나간 그 짧은 시간에 일어났습니다. 큰며느리가 돌아와 보니 남편은 연탄가스의 누런 연기에 질식되어 하얗게 굳어가고 있었습니다. 깜짝 놀라서 마구 흔들었지만 끝내 커다란 슬픔만 남겨놓고 저 세상으로 떠난 것입니다. 순식간에 일어난 슬픔이었습니다. 그 당시엔 연탄 때문에 흔히 일어나는 사고였습니다. 조금만 방심하면 연탄가스가 새어 나와 방 안에 죽음의 그림자를 드리우던 그 힘든 시절의 사정이기도 했습니다.

슬픔과 절망은 순식간에 찾아왔다가 순식간에 떠나버리기도 합니다. 큰며느리의 하늘이 갈라지는 듯한 그 절망감을 무엇에다 비유를 하겠습니까. 큰아들을 잃은 어머니는 커다란 돌덩이가 머릿속에 "쿵" 하고 떨어진 것 같았을 것입니다. 생떼 같은 큰아들을 잃어버리고 나서 실성한 것처럼 하늘만 멍하니 쳐다보고 계셨습니다.

그 아픔을 주체하지도 못 하고 있을 때, 혼인을 주선한 친척분이 찾아와서 말을 꺼냈답니다.

"큰며느리가 살도록 땅이라도 줘야 하지 않겠수?"라고 했을 때는 두 번째 내리치는 돌덩이의 충격에 어떠한 표현조차 할 수 없었다고 합니다. 슬픔을 위로하고 깨진 마음을 붙들어 매주어야 하는 상황에서 젊은 새댁이 새 길을 살도록 길을 터 주어야 하지 않겠느냐는 그 말은 생채기 위에다 굵은 소금을 흩뿌리는 것과도 같았다고 합니다. 사람들마다 입장이 다르고, 아픔의 깊이가 다르기도 하지만 이런 슬픔을 당한 어머니에게 그런 제안이 들어온 것입니다.

우리는 가끔 엉뚱한 말을 하면서 위로한다고 착각하며 살아갈 때가 더러 있습니다. 상황에 맞는 위로의 말은 얼마나 소중한 것인지 알 것만 같습니다. 그래서 때에 맞는 말은 금 쟁반에 올려놓은 사과와도 같다고 하지요.

큰아들을 잃은 상처에 겹쳐져서 친척이 꺼낸 말이 굵은 가시로 다가왔습니다. 시간이 흐르면서 그 말이 계속 가슴을 내리누르고 있었고, 그 엄청난 무게를 들어 올릴 힘이 없어 맥없이 눌려 살았던 그 시간들. 돌을 들어 올리자 그 육중한 무게에 눌려 가느다랗게 이어온 아픔이 부르르 떨며 고개를 서서히 들기 시작했습니다.

어머니 본인의 슬픔보다도 슬픔을 직접 목격한 큰며느리의 허전함과 죄책감을 감싸느라 내 슬픔은 돌아볼 겨를도 없었을 것입니다. 슬픔을 나눠 갖자는 말조차 할 수 없었을 것입니다. 가까스로 하루하루를 견뎌나가는 수밖에 없었습니다. 밤새도록 뒤척이면서 입으로 새어

나올 것만 같은 말을 다시 억지로 삼키며 새벽을 맞았던 어머니였습니다. 그 모진 말을 가슴 한 편에 묻어둔 채로 되새김질을 하면서 말이지요.

"너무 하더라. 진짜로 너무 하더라. 말은 쉽게 내뱉는 게 아니더라."

겨우 세 마디를 하시고는 야윈 몸을 떨었습니다. 평생에 처음으로 내뱉는 말처럼 들렸습니다. 입술만 약간 달싹거렸을 정도로 미동도 하지 않는 얼굴이었습니다.

아주 오랫동안 창백한 표정을 짓고 있던 어머니는 잊어버린 절망감의 나락에서 천천히 아픔을 토해냈습니다. 기운을 잃어버린 창백함으로 마치 허공을 향해 말을 거는 것처럼 들려왔습니다.

어머니와 저는 식탁에 마주 앉았지만 캄캄했던 그 시절로 돌아가고 있었습니다. 여기저기 숨어 있던 분노의 사금파리를 캐내느라 조심스러웠습니다. 저는 어머니의 가늘게 떨리는 입만 쳐다보고 있었습니다. 어머니의 시선은 허공을 맴돌고 있었습니다. 어쩌면 어머니는 말을 꺼내고 싶지 않았을 것입니다. 저도 어쩌면 피곤하다며 어머니가 방으로 쑥 들어가 버렸으면 하고 바랐을지도 모릅니다. 진작에 잊어버려야 할 상처들을 꺼내기란 그리 쉽지가 않은가 봅니다. 어머니의 상처를 들여다본다는 것이 제게 두근거림으로 다가왔습니다.

지아비를 잃은 지어미가 가졌을 무너지는 슬픔과 죄스러움을 모르는 바가 아닙니다. 두어 살짜리 아이가 아버지를 잃어버린 축축함도 모르는 바가 아닙니다. 어떤 모양이든 본인의 슬픔의 무게가 가장 묵직한 법이고, 본인의 아픔이 가장 큰 것이지만, 큰아들을 잃어버린 어머니의 슬픔 또한 여간한 게 아니라고 생각되었습니다.

두 여인의 처절함이 홍수처럼 밀려올 때, 그 슬픔의 마음을 한데 모아 함께 햇빛에 널어 말려야 했는데, 모두가 축축하게 젖은 채로 각자의 슬픔의 광목에다 슬픔의 무늬를 그리며 온 밤을 지새웠나 봅니다. 슬픔을 광목처럼 싸서 아무 데나 쿡쿡 쑤셔 박아 두었던 것 같았습니다. 서로의 슬픔을 위로한다는 것도 잊어버렸던 것 같습니다. 시간이 한참 지나고 나서 슬픔이 없어지기만을 기다리고 있었던 것입니다.

어머니는 큰 슬픔의 웅덩이에서 홀로 힘들어하고 아파하며 안으로만 절망의 바위를 끌어안고 있었습니다. 아픔들이 어깨를 맞대고 부비면 상처가 덧나지 않고 쉬이 아물었을 텐데, 낯선 바람이 불 때마다 상처들이 덧나고 이리저리 치이면서 고름이 터졌던 모양입니다.

"어려울 때는 서로 말을 조심해서 뱉어야 해. 나중에 보면 파문이 너무 커버리더라."

"예, 그러지요."

"함부로 툭 던진 돌에 개구리가 다치면, 던진 사람은 몰라. 개구리만 아픈 거지."

"그러게요."

"사람이 던진 돌만 아픈 게 아니라, 말이 더 오래 상처를 남기더라."

"많이 힘드셨겠어요."

"나는 큰아들을 잃은 것에 대해 아무 말도 안 했다. 속으로 슬퍼도 겉으로 표시 안 했다. 그게 말로 할 수 있는 아픔이 아니잖아."

"네."

"아들을 가슴에 묻는다는 건, 평생 묵직한 바위를 가슴에 안고 사는 기라. 누가 들어내 줄 것도 없제."

"……."

이제는 무성영화처럼 소리도 정지되고 형체만 흐릿하게 남은 흑백 필름 같았지만 오래 정제되었다가 나오는 고백은 오랜 세월을 곰삭은 말이었습니다.

어머니는 눈물 없이 한숨으로만 긴 세월을 숨겨 왔던 아픔을 한 올 한 올 힘겹게 풀어내었습니다. 며느리로서 어머니의 아픔을 다 받아낸다는 것이 송구스럽기도 하고, 한편으로는 고맙기도 했습니다.

제가 마침 거기에 있어서 그 아픔의 피를 묵묵히 닦을 수 있다는 게 참 고마운 일이었습니다. 어머니가 말을 꺼내기 전에 저를 쳐다본다는 것만 해도 감사한 일이었습니다. 누군가 힘들 때 빈 어깨를 내주어 거기에 기댈 수 있게 한다는 것이 얼마나 고마운 일이겠어요. 한 순간의 충격으로 형체가 부서진 채 그대로 보존된 생생한 아픔의 상처. 돌처럼 차갑게 오래도록 가슴속에 숨겨 왔을 그 상처를 만져본다는 것이 제겐 낯섦이었습니다. 그 시간은 평범했던 우리의 순간이 갑자기 멈춰선 것이지요.

제가 차린 점심을 물에 밥을 말아 겨우겨우 입에 떠 넣는 어머니의 모습에서 차라리 지금이라도 거짓말을 좀 보태서 건성으로 이야기를 하고 지나갔으면 하는 마음이었습니다. 점심을 먹으면서 풀어낸 이야기는 밥술을 뜰 때마다 끊어졌다가 다시 이어지기를 반복했고, 저는 어머니의 수저 움직임에 따라 밥을 입에 넣고 우물거리고 있었습니다. 밥을 씹으면서 다음 말이 나오기를 기다리고 있었습니다. 창가가 어둑어둑해질 쯤에서야 어머니의 슬픔은 조금씩 잦아들었고, 평온한 마음으로 말을 이어갔습니다. 어머니가 어머니 자신을 스스로 용서하고 있는 듯했습니다.

시아버님을 일찍 보내야 했던 아쉬움은 그나마 그리움으로 조심스레 아물어졌겠지만, 가슴에 묻어버린 큰아들은 화석에 갇힌 파충류나 나뭇잎처럼 그 모습 그대로 보존되어 있어서 언제라도 꺼내 슬픔을 만질 수가 있었던가 봅니다. 큰아들을 잃어버린 슬픔에다 큰며느리의 떠남. 그리고 친척의 모진 말들이 한데 어우러져 슬픔의 바위처럼 남아 있었습니다.

이제, 큰며느리의 세상 작별로 인해 어머니의 슬픔은 점점 묽어지겠지요. 그 시간을 묵묵히 혼자 지키며, 아무런 슬픔이 없었다는 듯이 평상시와 같이 화초를 키우고, 텃밭을 가꾸고, 흙을 퍼 와서 화분에 흙을 넣어 주고 바지런히 일을 하시겠지만, 어쩌면 이번 일로 인해서 모든 것을 그만두고 몸져 앓아누워버리실 것만 같아서 저는 자꾸 어머니의 행색을 살피게 됩니다.

우리 어머니, 본인에게 상처가 많아서 다른 이에게는 상처를 주지 않으려고 날카로운 부분은 늘 본인에게로 향하도록 몸으로 막아냅니다. 도마 칼을 건넬 때 손잡이를 상대방에게 내밀 듯 말입니다. 본인이 겪어 온 아픔이 처절한 것이었기에 그것을 상대방에게 절대로 내보이려고 하지 않으려는 분이었습니다. 그냥 본인이 그것을 혼자 감내하면서 꿋꿋이 걸어가고 싶어 했습니다.

어머니, 저는 이래저래 행운아입니다. 어머니의 40년 묵은 상처를 받아내면서 핏물을 함께 닦아낼 수 있었던 것이 저에겐 감사할 조건이었습니다. 그것은 어머니의 약점이 아니라, 그걸 혼자 감내하면서 견뎌온 시간들을 저에게만 털어놓으신 것이었습니다. 지금까지 같이 살아오면서 왜 그렇게 저를 위하려고 애를 쓰셨는가, 왜 우리들을 돌봐주지 못해서 안달을 하는 것처럼 부지런함을 내보였는가 하는 의문이 조금씩 풀리기 시작했습니다.

어머니가 숱한 아픔을 울타리처럼 막아주어서 거센 비바람을 피하게 하셨듯이 저도 남의 울타리가 되어 살 수 있게 해 주셔서 감사합니다.

"사람이 감당할 시험 밖에는 너희가 당한 것이 없나니 오직 하나님은 미쁘사 너희가 감당하지 못할 시험 당함을 허락하지 아니하시고 시험 당할 즈음에 또한 피할 길을 내사 너희로 능히 감당하게 하시느니라"(고전 10:13)는 성경말씀이 생각납니다.

저는 아직 고난을 받아들일 여력이 없지만, 어머니의 풍성하고 따뜻한 사랑을 받는 일을 먼저 하고 있는 셈입니다. 저도 나중에는 어머니처럼 타인의 슬픔에 눈물을 흘리며 동참할 수 있으리라고 생각합니다. 어머니와 사는 동안 제게는 어머님이 스승이었습니다.

어머니, 젖은 아픔을 가을 햇살에 하얗게 표백된 빨래처럼 보송보송하게 건조시켜 드릴게요. 그리고 차곡차곡 접어서 서랍에 고이 간직할게요. 저도 슬픔을 만났을 때에 어머니처럼 그렇게 무거운 바위가 되겠습니다.

에그그, 불쌍한 것

겨울의 출근길은 늘 어둑어둑한 새벽입니다.

눈이라도 올라치면 새벽 출근길은 더 춥고 어설프기만 합니다. 눈에 보이는 모든 것이 다 하얗게 얼어 있습니다.

"어머니, 다녀오겠습니다."

"그래. 날이 추운데 조심해라."

"네, 어머니, 바람이 찬데 얼른 들어가세요."

문을 열고 나서는데 문 바로 뒤에 서 있는 어머니의 입에서 가는 소리가 내게 들렸습니다.

"에그그, 불쌍한 것……."

갑자기 어머니의 나지막한 음성이 제 마음을 뭉클하게 했습니다. 잔잔한 파문을 일으키며 번져 나갔습니다.

그때는 둘째를 낳고서 몸이 약해져서 휴직을 할까 고민하고 있던 중이었는데, 엎친 데 덮친 격으로 학교 교사를 하던 남편이 사표를 내고 신학대학원에 간다고 진로를 바꾸고자 할 때였습니다.

그해는 IMF로 멀쩡하게 직장을 다니던 사람들도 직장을 잃어 온 국민이 모두 힘들어하던 때이기도 했습니다.

남편과 몇 사람이 함께 교회를 개척하였고, 남편은 말씀을 전하는 일을 맡았습니다. 처음엔 대구신학교에 편입하여 전도사로 섬기다가 나중엔 교회가 갑자기 커지면서 전임 사역자가 필요하다고 해서 남편은 평상시에는 학교 선생님으로, 주일에는 교회 전도사로서 말씀을 전하는 일에 별로 부담을 느끼지 않고 있었다가 몇 분이 전임사역자로 나서기를 바라고 있었던가 봅니다.

둘째 임신 중이었을 때였습니다. 교회 집사님 한 분이 저를 만나자고 했습니다.

"남편의 발목을 붙잡지 마세요."

"예? 저는 남편의 발목을 붙잡은 적이 없는데요. 무슨 말씀이세요?"

"우리 교회를 위해서, 이 선생님이 신학대학원을 가야 하는데, 원 선생이 발목을 붙잡는다고 해서……."

한껏 부른 배를 부여잡고 오는데 눈물이 앞을 가렸습니다.

'내가 언제 남편 발목을 붙잡았다는 거지?'

남편의 속마음을 모르고 살았던 철없음이 한심하기도 하고, 남편의 진로에 대해서 제3자에게서 그런 충고를 듣는 것이 너무너무 속이 상했습니다. 저한테는 입도 뻥긋 안 했던 남편이 야속했습니다. 몸은 점점 무거워오고, 저는 학교 일에 지칠 대로 지쳐 있는 상태에서 타인으로부터 그런 말을 들으니 그저 눈물만 났습니다.

그리고 그날 집으로 와서 남편에게 말했습니다.

"여보, 신학대학원에 가고 싶어요?"

"응, 내가 학교를 그만 두면 당신이 힘들어할 것 같아서 말을 못했지."

"가지 마세요. 저는 사모가 뭔지도 모르고, 잘할 자신도 없는 사람이에요. 그리고 당신이 노는 것도 아니고, 열심히 교사를 하는데 왜 또 목사를 하려는 거예요?"

남편은 저의 부른 배를 보면서 할 말을 잃었습니다. 제 얼굴엔 어느새 눈가의 다크서클이 잔뜩 끼어 있었습니다.

"미안해. 마흔에 못 하면 쉰이 되면 그때에도 하고 싶을 것 같아."

서로 말은 없었지만, 긴장이 우리 사이를 팽팽하게 가로질렀습니다. 입이 굳어버린 남편은 절대로 입을 열 것 같지가 않았습니다.

"정 그러면 하세요. 쉰에 하는 것보다는 마흔에 하는 게 낫겠네요."

사실, 말은 그렇게 했지만 불러오는 배, 점점 약해지는 몸, 아이 둘과 시어머니, 그리고 직장과 남편 뒷바라지 등을 감당하기에는 너무 벅차다는 생각이 먼저 들었습니다. 남편의 의욕을 꺾기가 싫어 던진 말이었지만 저도 제 자신을 돌아볼 엄두가 나지 않았습니다. 그 뒤로 제가 해야 할 일들이 꼬리에 꼬리를 물었지만 입을 다물고 말았습니다.

그렇게 시작된 주말부부 생활이 삼 년이었습니다. 그때 몸이 약할 대로 약해져 설거지를 하다가 그릇 한 개를 붙잡을 힘이 없어 결혼 때

사온 그릇들을 다 깨먹었습니다. 손목에 힘이 없어서 뭐든지 손에 들면 툭툭 떨어지기가 일쑤였습니다.

그렇게 그릇을 깨뜨릴 때도 어머닌 한결같이 "괜찮니? 얼른 비켜라. 밟으면 큰일 난다." 하시며 빗자루를 가져왔고, 저는 청소기로 온 방바닥을 청소했습니다. 그 일이 하도 잦아서 그릇 깨면 치우는 일이 저녁마다 일상사가 되었습니다.

남편이 없는 자리, 어머니는 늘 저에게 미안한 듯이 다가왔습니다. 남편은 공부하러 신학교로 가고, 며느리 혼자서 추운데 직장 생활을 하는 게 늘 안쓰러웠던 것 같습니다. 제가 출근할 때면 늘 현관에서 배웅하는 것이었습니다.

무심코 내뱉은 어머니의 그 말 한마디에서 저는 어머니의 깊은 내면의 미안함을 보고 말았습니다. 저는 그날도 추워서 오리털 파카를 입고 목도리로 입 주위를 둘둘 감고 나섰던 길이었습니다.

그날 저녁에 어머니는,

"어멈아, 예원이는 직장 생활하는 데 시집보내지 마라."

"왜요?"

"고생은 너로 족하지, 예원이는 고생시키지 말았으면 좋겠다."

"어머니, 저는 괜찮아요. 그래도 예원이는 나중에 커서 직장을 가져야지요. 때로 힘들기도 하지만 제가 직장 생활하니까 아범도 공부할 수 있고, 아이들도 키우고 좋잖아요. 무엇보다 어머니가 고생이지요. 제가 나가면 집안일을 어머니가 다 하시잖아요."

"집에서 하는 게 뭐 있냐? 예원이는 이모가 와서 봐 주고, 밥은 밥솥이 하고, 빨래는 세탁기가 하는데……."

"아이구, 아니지요. 어머니. 어머니가 안 계셨으면 제가 어떻게 학교에 다니겠어요. 모두 어머니 덕분이지요."

"네가 그렇게 생각해주니 고맙다."

그날 저는 어머니의 진심을 알았습니다. 어머니는 진심으로 우리가 고생하는 것을 안타깝게 생각했던 것입니다.

옛날처럼 아내는 남편이 벌어다주는 돈으로 집안 살림만 해야 한다는 사고방식을 그대로 가지고 계셨던 거지요. 어머니의 예전 사고방식 덕분에 저는 참으로 위로를 받는 며느리였습니다.

부족하기 짝이 없는 며느리를 예쁜 그릇에 담아 귀하게 대접해 주니까 참 품격 있는 며느리가 된 것만 같습니다. 지금까지 어머니의 세심한 배려가 없었다면 저는 보통 며느리에 지나지 않았을 겁니다. 저를 착한 며느리로 바꾸어 주신 건 바로 어머니였습니다.

한순간의 새어 나온 말이 가슴에 남아 평생 감사함으로 새겨져 있습니다. 저도 나이가 들면 어머니처럼 평생 가슴 깊이 숨겨둔 따뜻한 말을 전하며 살고 싶습니다. 내 며느리에게도 그렇게 하며 살고 싶습니다. 받은 사랑은 내 속에서 묵히는 것이 아니라, 누구에겐가 다시 되돌려 주어야 하는 것이라고 생각합니다. 이것이 바로 내리사랑이라는 것이겠지요.

가는 정 오는 정

"에미야, 느그 둘이 근강하게 지내라."

홀로 사시는 어머니께서 늘 우리에게 당부하시는 말씀입니다. 둘이 같이 붙어서 사는 것이 보기 좋다는 말씀이었습니다.

제가 쉰이 되던 생일 날 아침, 미역국을 먹고 있던 저에게 봉투 하나를 불쑥 내미셨는데, 거기에 그렇게 쓰여 있었고, 봉투 안엔 삼만 원이 들어 있었습니다.

"어머니, 감사합니다. 해마다 생일 날 용돈을 주셔서요. 잘 쓸게요. 오늘도 아범하고 저녁 먹고 와도 되지요?"

"그래라. 너희 둘이 저녁 먹고 들어오는 게 좋겠다."

"어머니 빼고 저희 둘만 가도 돼요?"

"그럼! 너희 둘이 잘 지내는 게 나한테는 젤 좋은 거지."

해마다 음력 삼 월, 제 생일을 위해 미역과 쇠고기로 간단한 시장을 봅니다. 그러고는 말하죠.

"어머니, 내일 제 생일이에요."

"그렇구나. 네가 해마다 말을 해 주니 고맙다."

저는 혹시라도 어머니가 제 생일을 잊어버리고 나서 나중에 무안해하실까 봐 미리 전날 말씀을 드립니다.

해마다 생일 아침에 늦잠을 자고 나면 어머니는 늘 미역국을 끓여 놓고서 거실에 앉아 기다리고 계셨습니다.

"마이 잤나?"

"네. 어머니. 미역국 냄새가 구수해요."

"그래. 마이 먹고 힘내야 하는기라."

밥을 먹을 때쯤이면 친정 오빠들에게서 축하 전화가 쉴 새 없이 울립니다. 밥을 먹다가 전화를 받고서 싱긋 웃으면 어머니도 좋아서 웃어줍니다.

"참으로 우애 있는 형제들이네. 오빠가 여동생 생일이라고 저렇게 전화를 하니까……."

"아니에요. 어미가 워낙 별나서 오빠들이 알아서 전화를 하는 거예요."

"아니, 뭐라고?"

"우하하하."

"어미야, 별로 차린 게 없구나. 너는 내 생일을 잘 차려주는데……."

"아이구. 어머니, 며느리 생일 상 차려주는 시어머니가 어디 있어요? 어머니 정성과 솜씨를 따라갈 사람이 없잖아요."
"너는 내 생일에 잘 차려준다만, 나는 해마다 미역국만 끓이네."
"아이구, 반찬이 많기만 하네요. 어머니가 끓인 미역국이 제일 맛있어요."

생일 날 출근하면서 미역국을 먹어서 든든하고, 내 핸드백에는 어머니가 주신 용돈이 들어 있어 행복했습니다. 비록 삼만 원이지만 제게는 삼십만 원이나 되는 것 같은 기분입니다.

그런데 정작 제 생일 날에 남편이 주는 선물은 해마다 달랐습니다. 영화나 텔레비전 드라마에 나오는 그런 선물을 한 번쯤 내밀 법도 한데, 퇴근 후 저녁을 먹고 나면 그냥 차를 타고 드라이브만 합니다. 항상 그랬습니다. 그러다가 길가에 꽃이 탐스럽게 핀 곳에 차를 세우고선 산이든 언덕이든 올라갑니다. 거기서 꽃을 툭툭 꺾어 와서 "여보, 생일 축하해." 하고 꽃을 내밉니다.

그러니 해마다 생일 선물은 조팝꽃이 되었다가, 진달래가 되었다가, 벚꽃이 됩니다. 첫해, 둘째 해까지는 어리숙해서 넘어갔는데, 칠 년째에도 길가의 꽃을 선물받았습니다.

수로 부인에게 헌화가를 바치는 것도 아니고, 이게 뭔가 싶어서 칠년째 되던 해에는 저녁을 먹고 와서 어머니께 일러바쳤습니다.

"어머니, 아범이 생일 때마다 선물 안 주고, 꽃만 꺾어 줘요."
"그래? 너는 뭐가 받고 싶은데."
"저는요, 귀걸이를 선물 받고 싶어요."

"그게 얼만데?"

"저도 모르지요. 한 번도 안 해 봤으니까요."

슬며시 방에 가시던 어머니께서 오만 원을 내밀었습니다.

"어머니, 이게 뭐예요?"

"그걸로 귀걸이 살 수 있겠니?"

"우와, 진짜요. 무조건 살 수 있어요."

저는 그다음 날 퇴근길에 후배와 함께 교동시장에 가서 귀를 뚫고 진주 귀걸이를 샀습니다. 자리 잡을 때까지 귀걸이를 하고 자야 하는 번거로움이 있었지만 처음으로 해보는 귀걸이라서 꿋꿋이 참았지요. 그때부터 저는 진주 귀걸이를 하고 다니게 되었습니다. 다른 것은 안 해도 요즘도 제 귀엔 진주 귀걸이가 달려 있습니다. 어머니가 해주신 사랑의 선물이지요. 저는 그것을 기념이라도 하듯 늘 달고 다닙니다.

진주 조개가 물 속의 모래를 살로 품어 그 아픔을 진주로 만들어 내듯이, 어머니는 모래 같은 저를 보듬고 감싸서 진주를 만들어 주셨습니다. 그래서 저는 은빛 진주를 좋아하는데, 어머니가 사 주신 진주 귀걸이가 가장 소중합니다. 그래서 지금도 어머니가 주신 진주 귀걸이를 변함없이 달고 다닙니다.

아들이 못다 한 것을 며느리에게 해 주고 싶었던 것일까요? 아니면 철없는 며느리가 귀걸이도 하지 않고 다니는 것이 안타까웠던 것일까요?

"이거, 어머니가 제 생일 때 사 주신 거예요."

저는 가끔 제 귀를 만지작거리면서 자랑스럽게 말을 합니다.

"그래. 귀걸이를 하니까 참 보기 좋다."

선물을 주었을 때 그것을 소중히 다루고 아끼는 것도 선물을 준 이의 마음을 배려하는 것이겠지요. 어머니는 언제나 긍정적으로 해석하는 면이 있습니다. 어지간한 일이라면 그저 웃어넘기시는 어머니는 긍정의 아이콘이었습니다. 제가 실수를 해도 한 번도 타박하는 법이 없었습니다.

가끔씩 스스로 저를 내려다보면서 '내가 참 철없다.'는 말이 절로 나옵니다. 그 말을 해놓고는 저 혼자 킥, 웃습니다.

철없는 저를 오래 품어서 잘 익을 때까지 기다려 주시는 우리 어머니. 저는 참 많은 사랑을 받고 있다고 생각합니다. 사람의 재능과 소질을 보고 다듬을 수도 있지만, 도공이 혼을 담아 사람답게 빚어서 작품을 만들 수도 있다는 생각을 어머니한테서 깨우칩니다.

저같이 보잘것없는 흙덩이를 인내심을 가지고 정성껏 빚으셔서 그나마 쓸 만한 그릇 하나를 만들어서 집 안에서 그럭저럭 사용할 만하게 만드셨다는 생각을 하면서 스스로 뿌듯함을 느낍니다.

흙덩이들은 세월로 빚으면서 부서지기를 수없이 반복하고 난 후에야 그 이름에 걸맞은 그릇으로 쓰임을 받는 것 같습니다. 빚음과 구워짐을 통해서 그릇으로 탄생하듯이 저도 알게 모르게 어머니의 손을 통해 수없이 구워져서 오늘의 제가 만들어진 것 같습니다.

며느리라는 그릇으로 쓰기 위해서 그동안 어머니는 오래오래 참으시면서 저를 빚었으리라 생각됩니다. 세상 물정에 대해서, 남편과 시어머니라는 이들을 어떻게 섬겨야 하는지 모르는 저를 오래오래 보듬고 빚고 구워내면서 정성을 들였을 것입니다. 처음부터 제가 며느리의 역할을 잘했던 것이 아니었습니다. 지금도 철부지 같은 행동을 하지만 어머니는 늘 웃음으로 저를 껴안습니다.

이제는 허드렛일에 쓰이는 바가지 같은 삶이라도 기쁨으로 살려고 노력합니다. 허름하지만 요긴한 그릇으로 빚어주신 어머니께 감사를 드릴 수밖에 없습니다. 나이가 들면서 점점 철이 든다는 말이 제겐 꼭 들어맞는 말이라는 것을 실감합니다. 어머니도 처음엔 그러셨나요? 그러다가 큰 그릇이 되셨던 것인가요? 저도 어머니의 그릇을 닮고 싶습니다. 참고 인내하며 아픔을 겉으로 드러내지 않는 그런 사람이고 싶습니다.

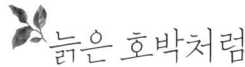
늙은 호박처럼

 4월 말에 시집와서 6월에 시작된 감기로 쿨럭대던 날이 많았습니다. 원래 몸이 약했던 탓에 조금만 감기가 들어도 오래 갔습니다. 학교에 병가를 내고 병원을 오가며 여름철에도 찬바람도 쐬지 않으려고 애쓰며 집에서 몸조리를 하고 있었습니다.
 한 번 기침을 시작하면 이불을 덮어써도 한두 시간은 그치질 않았습니다. 기침은 모질도록 밤을 훑으며 지나갔고, 어머니가 보시기에는 '새 며늘아기가 어쩌면 저렇게 몸이 약하누?' 하고 걱정을 했으리라 생각됩니다. 밤이면 어김없이 가슴을 할퀴어 대는 기침에 제대로 숨조차 쉴 수가 없었습니다. 간간이 숨을 몰아쉬는 중에 목구멍이 타들어가는 듯한 통증이 찾아왔습니다.
 어렸을 때부터 약하던 몸에 피로가 겹치면서 크게 나타났습니다. 천식으로 기진맥진해 있을 때 저를 안타까이 바라보시던 시어머니의 눈길에서 친정 엄마의 모습이 겹쳐졌습니다. 눈물이 왈칵 쏟아졌습니다. 어려울 때는 나를 낳아준 엄마가 제일 먼저 떠오른다는 말이 맞았습니다. 바늘구멍으로 숨을 쉬는 것처럼 숨쉬기가 어려웠고, 한여름에도 선풍기 근처에 가지 못했습니다. 창문마저 꼭 닫아 걸고서 얇은 이불을 뒤집어쓰고 있는 저를 바라보시는 어머니는 얼마나 가슴이 아팠을까요.

안타깝게 지켜보시던 어머니는 재래시장에서 늙은 호박을 사와서 연탄불에 푹 달이기 시작했습니다. 호박이 흐물흐물해질 때까지 어머니는 저으시고 또 저으시면서 며느리의 천식이 잦아들기를 얼마나 염원했을지 짐작이 갑니다. 눌어붙지 않게 하려면 오랜 시간 달여야 하는 솥 곁에서 젓고 또 저으며 방에서 나는 저의 기침소리에 가슴을 졸였겠지요.

큰며느리의 떠남을 아픔으로 안고 사시던 어머니는 마치 어떠한 슬픔이라도 호박을 고듯이 아주 천천히, 슬픔이 다 녹아 없어질 때까지, 호박의 형체가 다 으스러져서 노란 물이 번져 나올 때까지 그렇게 저를 위해 정성으로 달이셨을 것입니다. 늙은 호박이 연탄불에 녹듯이, 기침도 몇 번의 호박소주를 먹으면서 서서히 잦아들었습니다. 그렇게 시집살이 대신 어머니 며느리살이를 시키게 된 저는 어서 빨리 나아서 어머니를 모셔야 한다는 일념으로 어머니가 퍼준 그릇을 다 비워냈습니다. 어린 아기가 엄마가 주는 젖을 다 받아먹듯이 말이지요.

호박이 푹 익어 흐물거리면 퍼서 채에 걸러 낸 후, 솥에 남은 호박은 삼베에 싸서 꾹 눌러 쨨습니다. 호박은 버릴 것이 하나도 없다고 하셨지요. 호박잎은 여름철에 밥을 싸서 된장을 푹 찍어 먹어도 좋고, 가을에 딴 늙은 호박은 겨울 내내 안방에 두었다가 솥단지에 넣고선 푹 고아서 호박소주를 내려 먹으면 기관지 천식에 좋다는 말을 어머니에게서 들었습니다.

정성으로 달이신 호박소주를 제 앞에 내밀면서 먹으라고 했을 때에 저는 울음부터 터져 나왔습니다. 참으려고 해서 참아질 수 있는 울음이 아니었습니다.

"어멈아! 왜 우니. 이거 먹고 얼른 나아야지. 뜨거울 때 먹어야 좋느니라."

죽그릇을 들고 있는 어머니의 손이 흔들리는 것을 보았습니다. 와락 손을 잡고 싶었지만 참았습니다. 친정 어머니였다면 그 손을 잡았을 것입니다.

밤에 자지러지는 기침 소리가 나면 어머니는 으레 방문 앞에 서성입니다. 저는 아무리 발소리를 죽여 저희 방문 앞에 오셔도 알 수 있습니다. 잠을 자지 못하고 며느리의 기침소리를 듣고 있다가 몰래 깨셔서 방문 앞에 서 계신다는 것을. 한참을 서 계시다가 소리 없이 방으로 가시는 것도 알고 있었습니다. 어머니가 엎드려 저를 위해 기도하시는 모습도 상상할 수가 있습니다.

저는 몸이 아프면서 어머니가 아낌없이 주는 사랑의 치마폭에 싸여 지낼 수 있었습니다. 어머니와 남편은 만나는 사람들마다 저의 기관지 천식이 빨리 낫게 해 달라고 기도 부탁을 했고, 어머니는 풍문으로 떠도는 온갖 민간요법을 다 동원하여 저를 치료해 주셨습니다. 섬김을 받아야 할 사람들이 오히려 저를 섬기느라 애를 썼던 시간들이었습니다.

더운 여름철에도 찬바람을 쐬지 못하고 살면서 많이 불편했을 터인데도, 한 번도 저에게 그런 내색을 하지 않으셨습니다. 거실로 기어나가면 켜 놓았던 선풍기도 얼른 꺼버리는 어머니의 그 모습을 보며 저는 가슴이 아팠습니다.

"더 누워 있지 그러누?"

"누워 있으니까 더 어질어질해요."

"쯧쯧. 시집와서 큰 홍역을 겪는구나."

어머니는 제가 마치 어린아이 같았을 겁니다. 걷는 것조차 힘들어 기어서 나온 저를 바라보시는 그 눈길을 아직도 잊을 수 없습니다.

시집온 지 두 달 만에 생긴 기관지 천식은 좀체 사그라지지 않았습니다. 밤이 되는 게 두렵고, 찬바람이 두렵고, 미세한 먼지에도 목이 칵 막혀버릴 것처럼 답답했습니다. 나중엔 기관지가 부었는지 막혔던 것인지 숨이 막혀서 말하는 것도 버거웠습니다.

새 며느리가 예쁜 목소리도 아닌, 마치 쇳소리를 겨우 내는 정도였으니까요. 학교 수업도 못하고, 결국은 병가를 내고 병원에서 검사를 받기로 했습니다. 어머니는 병원에 가는 것을 보고 여간한 병이 아니라는 것을 알아차리신 듯했습니다. 길을 걷다가도 숨이 차면 한 발자국도 떼놓을 수 없어 남편에게 업혔습니다.

　남들은 신혼 초에 알콩달콩 깨처럼 산다고 말들을 하지만 저는 갑자기 달라진 환경에 기관지 천식이 밑뿌리를 드러낸 격이었습니다. 남편에게 업혀 가는 제 몰골이 지금도 눈에 선합니다.

　병가를 내고서 출근을 못하는 며느리를 안타까이 바라보시던 우리 어머니, 그 짠한 마음이 방문을 타고 넘어 왔습니다. 저는 어머니가 있다는 것만으로도 마음이 놓여 방문을 열어 두고 싶어 했지만 어머니는 행여 바람이라도 들어갈까 봐 제가 잠깐 잠이 든 사이에 소리 없이 방문을 닫으셨지요. 저는 꿈결에서도 어머니의 치맛자락이 스치는 소리를 듣고 있었습니다.

　저의 기관지 천식을 고치기 위해 많은 사람들이 기도를 해주셨습니다. 소식을 들은 아주버님과 형님은 땅벌집이 천식에 좋다고 논두렁에서 벌집을 캐다가 벌 떼에게 쏘여 얼굴이 퉁퉁 부은 채로 찾아오셔서 위로를 해주었습니다. 퉁퉁 부은 얼굴이었지만 그 마음만은 너무나 고마웠습니다. 이 가족은 참으로 마음이 따뜻한 집안이구나 하는 생각이 들었습니다.

　밤새도록 기침을 해대는 자지러짐과 숨을 가쁘게 몰아쉬어야 하는 불편함, 찬바람을 애써 피하느라 문을 꼭꼭 닫고서 지내야 하는 일로 인해서 어머니와 남편에게는 고역이었을 것입니다. 푹푹 찌는 날씨에 문을 닫고 있었으니 얼마나 답답했겠습니까. 가족의 따뜻한 사랑과 이웃의 배려는 보화를 받아든 것처럼 저에겐 소중한 시간들이었습니다.

이렇게 도움을 받은 것은 훗날 나처럼 연약한 사람을 만나게 되면 그때 받은 사랑을 갑절로 갚으라는 의미로 받아들입니다. 아파 본 이가 아픈 이의 심정을 안다고 하지 않습니까? 저는 그 말이 정말 실감 나게 다가옵니다. 부모에게 받은 사랑을 자식에게 갑절로 되갚듯이 말입니다. 사랑은 점점 아래로 내려가면 갈수록 눈덩이처럼 더 커진다는 사실을 깨달았습니다.

남들은 결혼하고 나서 임신을 기다리며 배 속의 아이를 위해 아름다운 생각만 하고 있을 때였지만 저는 기관지 천식과 싸우느라 신혼부부의 알콩달콩한 깨소금 맛도 보지 못하고 대신에 사랑의 빚만 듬뿍 지고 있는 시간이었습니다.

일 년 동안 찬바람 피하느라 여름에도 긴 옷을 입었고, 어디서든 긴 옷은 필수품이었습니다. 그리고 일 년 내내 먹어야 하는 약, 벤토린 종류(목구멍으로 뿜어서 기관지를 확장하게 하는 것) 3개를 꼭꼭 챙겨야 했습니다. 급할 때는 그 약을 뿌리지 않으면 금방이라도 숨이 멎어버릴 것만 같았습니다.

무리를 하거나 찬바람을 쐬는 날에는 어김없이 숨이 가빠져서 응급실로 실려 가곤 했습니다. 숨을 쉬기가 어려운 것은 응급실의 여러 상황들 중에서 가벼운 병으로 치부할 수 있겠지만 그 아픔과 고통은 상대적인 기준이 아니라 오직 나만이 겪는 절대적인 고통이라는 사실을 알았습니다. 남들은 간암으로 간이 새까맣게 타들어가도 내 손톱에 박힌 가시가 더 고통스럽게 느껴지는 게 우리의 연약함이 아닐런지요.

타인의 고통은 아무리 실감한다고 해도 정작 본인이 느끼는 고통의 몇 십 분의 일도 안 되는 것이지요. 고통을 같이 느낀다는 것은 거짓말이라는 것이지요.

그렇게 신혼 시절을 보내고 어머니는 다음 해 봄에 제일 먼저 공터를 찾아 호박부터 심었습니다. 저에겐 호박이 가장 좋은 약이라는 것을 강조라도 하듯이 호박만 잔뜩 심어놓았습니다.

늦은 가을에 커다란 호박을 베란다에다 죽 늘어놓고서 한 개씩 꺼내 호박 꼭지를 따고, 그 속의 씨앗을 파낸 뒤에 꿀을 가득 붓고 연탄불 위에서 중탕을 하는 것이 일이었습니다. 연탄불을 피울 즈음부터는 온종일 호박 달이는 냄새가 집안에 가득했습니다. 몇 달 내내 호박소주만 먹고 살았던 셈입니다.

어머니는 항상 "얘야, 호박소주 먹어라."라고 하셨습니다.

저는 호박소주를 보약 먹듯이 한 사발을 벌컥벌컥 마셨습니다. 돈이 그리 들지 않고 해먹을 수 있는 약이라고는 호박밖에 없었습니다. 그 당시 제가 할 수 있는 효도란 그저 어머니가 주시는 호박소주를 벌컥거리는 소리가 나게 먹는 것이었습니다. 입에서 단내가 나도록 먹었던 것 같습니다.

저는 어머니의 그 정성을 따라갈 길이 없습니다. 그 정성과 기도는 저를 감동시켰습니다. 밥은 하루 세 끼만 먹지만 호박소주는 하루에도 수시로 그릇에 담아 내 앞에 놓아주었습니다. 그런 정성이 어디 있을까요?

덕분에 저는 일 년 뒤에 몸이 어느 정도 회복이 되었고, 임신도 하고 출산을 하였습니다. 그런데 첫째의 출산 후 21일 만에 더위를 못 참고 샤워를 했다가 내리붓는 물줄기에 칼날보다 더 날카로운 한기를 느끼며 쓰러졌습니다. 그때부터 수그러들었던 발작 기침이 다시 사납게 시작되었습니다. 영영 사그라진 줄 알았던 기침이 단 한 번의 샤워로 다시 찾아왔습니다. 아차, 하는 실수로 인해 다시 고통스러운 나락으로 떨어지게 되었습니다.

그렇게 찾아온 기관지 천식은 5년 동안이나 끈질기게 저를 못 살게 굴었습니다. 5년 내내 양약과 한약을 입에 달고 살아야 했습니다. 제 가방에는 기관지 확장제 스프레이와 한약과 양약이 수북이 들어 있었습니다. 교실에서 수업을 하다가도 금방이라도 쓰러질 것 같을 때에는 부리나케 가방을 열어 약을 먹거나 목구멍에다 스프레이를 뿌려야만 했습니다.

남들이 여름마다 먹는 아이스크림과 빙수는 철저한 금기 식품이었고, 아예 여름엔 혼자서 뜨거운 차를 마셔야 했습니다. 기침보다 더 참을 수 없었던 건 첫 아이에게 젖을 물릴 수 없는 안타까운 모성이었습니다. 젖꼭지를 물려 놓고서 가쁜 숨을 참으려고 애를 쓰다가도 한 번 기침이 터지면 갓난아기가 젖을 물고 있지 못할 정도로 극심한 기침이 시작되었습니다. 아기는 젖을 빨다가 놀라서 자지러지게 우는 일이 다반사였습니다. 그러니 저로서는 괴로운 일이었습니다. 수건으로 입을 막고 있어도 소용이 없었습니다. 참느라 이마에서 흘러내린 땀 방울이 아기의 얼굴에 뚝뚝 떨어질 때는 저 혼자 소리 내어 마구 울고 싶었습니다.

어떤 날은 어머니가 주신 호박소주를 들이키다가 그만 기침이 터지면서 그릇을 놓쳐버린 일도 있었습니다. 사기그릇이 바닥에 닿으면서 날카로운 비명을 질렀습니다. 호박소주를 쏟아버렸다는 죄송함에 몸 둘 바를 몰랐지만 어머니는 오히려 나를 위로하십니다.

"괜찮다."

"죄송……해……요."

저는 헉헉거리며 겨우 말을 했습니다.

"아니다. 네 몸이 건강해야 종원이도 잘 키우는 법이다. 그릇이야 많지 않냐. 정 힘들면 우유라도 먹이는 게 좋겠다. 얼른 네 몸이나 챙겨라."고 말씀하셨습니다.

눈에 넣어도 아프지 않을 정도로 자지러지게 우는 손자를 보면서 어머니는 왜 화가 나지 않았을까요? 아무에게서나 이런 배려가 나오는 건 아니라고 생각합니다. 며느리보다 내 핏줄인 손주가 얼마나 애처로웠겠어요. 그러나 어머니는 언제나 저를 먼저 배려하셨습니다. 그것은 이론적으로 배워서 되는 것이 아니라 삶에서 터득한 것이라고 봅니다.

〈잠언〉에 나오는 지혜의 한 대목을 삶의 현장에서 만난 듯 가슴이 찡했습니다. 이래저래 아픔 속에서 저는 어머니의 진정한 사랑을 맛보았고, 삶의 한 가운데에서 배려라는 것이 어떤 것인가를 알게 되었습니다.

그때부터 이런 생각을 했던 것 같습니다.

'나도 훗날 어머니처럼 깊게 사랑하고 배려하는 여자가 되어야겠다.'

'남의 아픔을 내 아픔으로 느낄 때까지 상대방을 그대로 느끼도록 해야겠다.'

그러나 생각만 그렇지 어떻게 내 종지만 한 그릇이 어머니의 그 큰 그릇을 따라서 하겠습니까. 저는 맨발로 뛰어도 어머니의 사랑을 따라잡을 수 없을 것만 같습니다. 어른들의 말을 배우고 익히면 그대로 따라서 할 수 있을 거라는 믿음에는 의심이 없지만 그것이 몸에 배지 않으면 절대로 나타날 수 없다는 것을 새삼 느끼게 됩니다. 저도 어머니와 같이 살다가 보면 언젠가는 그 흉내라도 낼 수 있는 날이 오겠지요.

사랑을 만드는 방법

 친정 엄마의 장례식을 마치고 돌아오는 차 안에서 저는 마음속으로 다짐한 것이 하나 있습니다. 엄마가 살아 계실 때는 영원히 곁에 있을 줄로만 알고서 무심했던 것이 있습니다. 그동안 엄마를 데리고 나가 옷 하나 변변하게 사드린 적이 없었다는 것이 후회로 남았습니다.
 생일이나 축하할 일이 있으면 바쁘다는 핑계로 옷을 사서 택배로 부쳐드리긴 했지만 남들처럼 엄마와 나란히 손을 잡고 남들에게 보란 듯이 백화점이나 시장에서 옷을 사서 입혀 드리면서 엄마와 딸의 정 나누기를 한 적이 없었습니다. 저는 가끔 엄마와 손을 잡고 시장을 보러 나온 여자를 보면 그렇게 부러울 수가 없었습니다. 키워준 정을 저렇게 갚는구나 생각하면서도 한 번도 실천에 옮기지는 못 했습니다.
 학교 다닐 때는 공부한다는 핑계로 엄마가 가까이 오지 못하게 했고, 대학을 마치고 선생으로 발령이 났을 때는 학교 일에 바빠서, 혹은 교회 일에 바빠서 우리 또래의 친구들과 어울리느라 정신이 없었던 것 같습니다. 그러다가 막상 결혼을 하고 보니 나를 낳아준 엄마에게 '나는 아무것도 한 것이 없이 홀짝 몸만 빠져 나왔구나.' 하는 후회가 남았습니다.

그래서 저는 지금 우리 어머니에게 비싼 옷을 사드리기로 마음을 먹었습니다. 노인들은 시간 약속도 없이 홀짝 우리들 곁을 떠나신다는 것을 알았기 때문입니다. 더 이상 후회할 일이 남아 있지 않게 하기 위해서였습니다.

어머니께 백화점에서 옷을 사드려서 후회 하나를 줄이겠다는 생각에서 마음을 크게 먹고 30만 원을 들고 어머니를 모시고 백화점으로 갔습니다.

"어머니, 마음에 드는 옷을 한 번 골라 보세요."

"시장에 가면 되는데 왜 여기까지 오는겨?"

"친정 엄마가 돌아가시고 나니까 못해 드린 게 그렇게 후회가 되네요. 그래서 제가 덜 후회하려고 어머니를 모시고 나왔어요."

"아직 입을 옷도 많은데 뭘 사냐……."

어머니와 저는 다정하게 손을 잡고서 옷 매장을 한 바퀴를 돌면서 마음에 드는 것을 각자 정했습니다.

"어머니, 이건 어떠세요?"

"응, 좋은데, 이건 어떠냐?"

어머니가 고른 옷의 가격표를 보니 제가 예상했던 돈의 두 배가 훨씬 넘었습니다.

'무슨 옷이 이리 비싸지?'

노인 옷이라서 쌀 줄 알았던 제가 바보였습니다. 속으로 애꿎은 옷값 타령만 하다가,

"어머니, 이건 약간 젊은이들이 입는 거라서 딴 데 가서 고르는 게 어떨까요?"

"그러지, 뭐."

우리는 다시 다정하게 손을 잡고서 매장을 돌기 시작했습니다. 다른 곳을 살폈지만 역시 백화점이라서인지 옷값이 만만치 않았습니다. 제가 들고 나온 돈이 부끄러울 정도였습니다.

결국은 백화점 옷만 구경하다가 나왔습니다. 애써 태연한 척하면서 어머니의 손을 꼬옥 붙잡고 엘리베이터를 탔습니다. 남들이 보면 어머니를 모시고 나와 쇼핑을 하는 줄로 알았을 것입니다. 사실, 옷은 나무랄 데가 없이 품질도 좋고, 디자인도 최신형이었습니다. 단 하나, 제 기준의 가격보다 너무 비싸다는 이유가 있을 뿐이었습니다.

"어머니, 제가 서문시장에 가서 어머니 마음에 꼭 드는 옷을 사 드릴게요. 대신 오늘은 맛있는 저녁을 먹고 들어가요."

"그래, 오늘은 저녁이나 먹고 가자."

그렇게 어머니와 저는 합의를 하고서 저녁을 먹고 돌아왔습니다. 제 마음이 가벼워졌다가 곧바로 다시 무거워지기 시작했습니다.

어머니가 옷을 사 달라고 한 적도 없는데, 내가 나중에 덜 후회하려

고 백화점으로 모시고 가 놓고, 정작 내 기준에 비싸다고 못 사드리고 눈만 놀라서 돌아온 것입니다.

이러나저러나 저는 후회할 일만 한 셈입니다. 비싼 옷을 못 사드린 것은 나중에 후회하기로 마음을 먹었습니다. 왜냐하면 제가 한 번도 그렇게 비싼 옷을 산 적이 없었고, 그만한 돈을 구하기도 어려웠기 때문입니다.

제가 비싼 옷을 사 입지 않게 된 이유는 교회 식구네 집을 들렀을 때입니다. 그분은 녹내장으로 시력을 잃고, 남편은 암으로 고생하는 집이었는데, 보이지 않는 눈으로 음식을 준비하고, 방 한 칸에 딸린 쪽방 하나로 생활하던 모습을 보고 나서부터입니다. 한 사람이 겨우 들어갈 만한 조그만 부엌이 딸린 집에서 살림을 하는 것을 보면서 저의 씀씀이를 줄여야 한다는 생각을 하게 되었습니다. 그 일이 있고부터 생각보다 비싼 가격표를 보게 되면 마음부터 울렁거렸습니다.

사람은 외모가 중요한 것이 아니라 영혼과 내면의 가치가 중요하다는 것을 알면서도 여전히 육신의 잣대로 판단하는 것 같습니다. 사람의 가치는 무엇을 입고, 어떤 집에 살고, 어떤 차를 타는가에 달린 것이 아니라는 것을 뻔히 알면서도 저도 사람의 기준에 얽매어 살 때가 많았습니다. 남에게 보이기 위한 사치라고 생각하지만 저도 가끔은 그러한 것이 부러울 때가 있습니다. 물질이 사람을 우쭐하게 만들고, 때로는 교만하게 만든다는 것을 알면서 그 잣대에 맞추기 위해 부단히 애를 쓰는 자신을 돌아보게 됩니다.

사실 제가 어머니께 이번 한 번이라도 비싼 옷을 사 드리려고 생각했던 것도 제 삶의 기준이 외모로 사람을 판단한다는 증명이었습니다.

남편은 IMF가 있던 해, 신학을 공부하겠다고 교직에 사표를 내면서 바뀐 것 중에 하나가 경제적으로 허리를 질끈 동여 묶게 되었던 것입니다. 둘이 벌던 쏨쏨이를 그만큼 줄여야만 했습니다. 내 월급만으로 사는 것이 힘들어서 삶의 기준을 바꾸며 사는 연습을 시작했습니다. 제게는 사치란 호사였습니다.

경제적으로 어려워지면서 제일 먼저 끊었던 건 친정 엄마에게 드리던 용돈이었습니다. 시어머니의 반밖에 안 되는 용돈이었지만 야멸치게 끊고 나서, 모든 생활에서도 쏨쏨이를 줄이면서 삶에서 기쁨조차 줄어 갔던 것 같습니다. 어려움 속에서 더 기쁘게 웃고 더 행복하게 살아야 하는데, 그만한 웃음이 나오지도 않았고, 하루하루 사는 것에 어금니를 깨무는 수밖에 없었습니다. 공부하는 남편의 뒷바라지를 한다는 것은 그저 밥만 먹게 하는 것이 아니었습니다. 비싼 신학 원서를 여러 권 구입해야 하는 지출이 만만치 않았습니다. 그리고 남편이 일주일 간 쓸 돈을 챙겨주는 일도 제게는 부담이었습니다.

친정 엄마의 용돈을 끊고 나서 얼마 되지 않아 엄마가 서둘러 천국으로 가셨으니 제 속에는 남모르는 아픔과 후회가 앙금처럼 남았습니다. 남들이 먼 과거의 일과 현재에서 맞닥뜨린 것을 후회할 때, 저는 최근의 일을 후회했습니다. 그러나 그 후회를 덜어보려고 어머니를 백화점으로 모시고 갔지만 다시 후회할 일 하나가 더 생기게 된 것입니다.

'그래, 다른 것에서 후회하지 않도록 하자. 마음으로 더 잘해 드리고, 더 순종하며 살자.'

마음속으로는 이렇게 위로하면서 어머니와 같이 저녁을 먹었습니다.

다음 날에는 퇴근길에 서문 시장에 들러 백화점에서 본 것과 똑같은 옷을 찾으려고 부지런히 발품을 팔았지만 똑 닮은 것을 찾을 순 없었습니다. 그래도 새 옷을 사서 돌아와서 어머니에게 옷 꾸러미를 내밀었습니다.

"어머니, 이 옷도 예쁘지요? 백화점보다 값도 싸고 괜찮지요?"

"그럼, 이 옷이 훨씬 이쁘다."

어머니도 제 마음을 이미 다 아시는지 새 옷을 받아들고 좋아하셨습니다. 같이 살면서 어머니가 제 마음속을 못 읽었겠어요? 돈이 아까워 저녁만 먹고 들어왔다가 다음 날 제가 발품을 팔아 서문 시장을 다 뒤지며 다녔을 거라는 것을 왜 모르시겠어요. 저는 엄마가 돌아가시고 난 후에 어머니의 마음에 흡족하게 해 드리며 살아야 한다고 다짐을 했지만, 이번 일처럼 아쉬운 일이 한두 가지가 아닙니다. 덜 후회하며 살려고 했지만, 칠칠치 못하게 다시 후회를 남기는 일을 종종 일으키곤 합니다.

그러한 실수를 한 번도 꾸중이나 질책하지 않으시고, "네가 바빠서 그렇지." 하며 언제나 따뜻한 위로의 말을 돌려주시는 어머니. 늘 상대방의 마음부터 읽으시려고 하는 어머니였습니다.

바둑의 고수처럼 말씀 한마디에도 멀리 내다보고 깊이 있는 말을 꺼내시는 어머니. 어쩌면 삶의 고수처럼 서두르지 않으면서 모서리에 바둑알 하나를 무심한 듯 내려놓으며 깊은 의미를 천천히 꿰어내는 인생의 달인이십니다.

  어설픈 바둑의 초보자 옆에 고수가 있어서 저의 삶은 참 평탄했던 것 같습니다. 때로, 당황할 때 지나가듯 한마디씩 던지는 훈수는 바로 삶에서 우러나온 지혜였습니다. 그것에 힘입어 이날까지 어설픈 바둑알을 두며 살아가고 있는지 모르겠습니다. 고수가 들려주던 훈수가 제겐 커다란 용기를 주었습니다. 그러나 이제 저에게는 어머니가 안 계십니다. 이제는 너희들끼리 알콩달콩 어울리며 살아라 하고 먼 하늘나라로 올라가신 것입니다. 인생의 어두운 길에서 만난 등대와도 같이 어머니와 같이 산 시간들이 참 그립습니다.

 사랑 그리고 어머니

　내 인생의 고목 같았던 어머니. 요즘은 24년 동안 어머니와 주고받았던 사랑을 천천히 되새김질하며 노트에 적어 내려가고 있습니다.
　어머니는 제 인생에 있어 분명히 하나님이 보내주신 멘토였습니다. 저는 참으로 어설픈 여자였으나, 김춘수 시인의 시 '꽃'처럼 어머니가 저의 이름을 불러주고, 저를 안쓰러이 보듬어 주셨기에 저는 온전한 꽃으로 피어날 수 있었습니다.
　돌아보면 제 삶은 온통 행복의 세잎 클로버가 지천으로 깔려 있는 푸른 삶이었습니다. 때로 연둣빛으로 갓 피어난 토끼풀처럼 싱그러운 감사로 소복소복 내려앉았습니다. 때로는 저 혼자서 푸른 풀밭에 앉아 토끼꽃을 꺾어 꽃반지와 꽃시계를 만들면서 혼자 즐거워했던 삶이었습니다.
　힘들고 어려울 때 남편보다도 어머니가 제 옆에 있어 주셔서 저는 행복했습니다. 어쩌면 고백하건대, 남편보다도 어머니를 더 깊이 사랑하며 살았을 거라고 생각합니다. 제가 고통 중에 있을 때 어머니는 늘 제 곁을 서성이며 등허리를 다독여 주었습니다.

어머니와의 인연은 봄부터 피어나는 토끼풀처럼 흔하고도 평범한 삶이었습니다만, 어머니가 주신 행복한 삶의 비결은 이 세상의 어느 어머니들이 전부 다 가질 수 없는 특별한 선물을 주었습니다. 풀꽃 반지처럼 우리는 소박한 가운데에서 소박한 꽃을 피우며 살았습니다. 떠나시던 날까지 저를 잊지 않으셨지요? 어머니가 손수 낳은 딸은 아니더라도 저는 분명히 당신의 딸이었습니다.

어머니와 함께했던 시간의 그 소중함. 어머니가 베풀어 주신 사랑의 실타래. 어머니가 물려주신 배려의 그림자가 저를 이렇게 철들게 만들었어요. 세상의 이치를 다 알아버린 것처럼 이제는 남을 살필 줄 아는 여자가 되었습니다. 남을 위해 기도할 줄 알고, 남의 아픔을 내 앞으로 여길 줄 아는 며느리가 된 셈이지요. 메마른 저에게 어머니와 닮은 삶을 살 수 있도록 만들어주신 것에 감사를 드립니다.

책에서는 결코 배울 수 없는 것들, 함께 부대끼며 살아야만 비로소 배울 수 있는 것들, 도란도란 이야기를 나누면서 얻어지는 것들, 그런 귀한 것들이 제게로 다가와서 소중한 보물이 되었습니다. 우리 엄마에게서도 배우지 못했던 것들을 다 일깨워주시고 철원으로 가셨던 우리 어머니. 이제는 제가 기대고 싶어도 이 세상에 없는 어머니입니다.

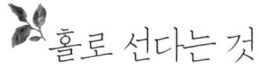 홀로 선다는 것

"제수씨, 고마워요. 어머니를 잘 모셔 주어서요."
"동서, 자네가 어머니를 그렇게 잘 모시니 우리가 고맙네."
"올케, 엄마를 제주도에 모시고 갔다가 왔다면서?"
"올케, 엄마를 모시고 친정 오빠네 집엘 다녀왔다며?"

아주버님 내외분과 시누이들이 번갈아가며 어머니를 잘 모셔서 고맙다고 전화를 하거나, 저희 집에 내려오시면 설거지를 하면서 그런 말을 할 때마다 저는 뿌듯했습니다. 돈으로 살 수 없는 칭찬이지요. 저보다 어머니가 더 좋아하셨을 것입니다.

형제들은 그간에 못다 한 고마움을 제게 살짝살짝 표현을 했습니다. 아주버님과 손윗 동서도 만날 때마다 늘 고맙다고 하였습니다. 그냥 건성으로 하는 인사치레가 아니라는 것을 저는 압니다.

사실, 알고 보면 그렇게 잘한 것도 없고 다만 며느리의 사소한 일들을 어머니가 전화로 아들네와 딸들에게 전했을 뿐인데 부풀어 알려진 것들이 많습니다. 제게 부족한 것들이 많았을 터인데도 어머니는 늘 긍정적으로 말해 주었습니다. 그런 칭찬을 들을 때마다 우쭐해지기보다는 아직도 못 다한 것이 남았다는 듯이 조심스러워집니다. 사랑은 내리사랑이라는 말이 생각납니다.

제가 며느리로서 부족한 점을 꾸짖거나 나무라야 할 터인데, 어머니를 닮아서인지 이 집안사람들은 질책이나 꾸중을 하지 않습니다. 아마 어머니가 한 번도 가족들에게 저의 흠을 말한 적이 없음을 증명하는 것이기도 하지요. 제가 모신 24년, 288개월, 날수로 치면 105120일 동안 함께 살면서 흠이 없을 수는 없지만 어머니는 마치 저의 흠을 보지 않기로 작정하신 이처럼 잘한 일만 이야기하여 저를 좋은 며느리로 포장해 주셨지요. 제가 제 허물을 왜 모르겠어요. 저도 고등교육을 받은 사람으로서 저의 단점과 장점을 잘 알고 있지요. 그래서인지 손위 집안 어른들께서도 덩달아 저를 참한 며느리로 대우해 주셨습니다.

어머니의 배려의 성품이 담긴 일이 기억납니다. 추석이나 설날이 되어 큰집으로 가는 차 안에서,

"어멈아, 철원에 가거든 내가 종원이를 무릎에 앉히지 않을 거다."

"왜요, 어머니, 무릎이 편찮으신가요?"

"그게 아니다. 내가 종원이만 귀여워하면 동서지간에 틈이 생길 수 있을까 봐 그런다. 혹시나 작은 아들 식구만 챙긴다고 할 수도 있어서 그러니 너무 섭섭하게 생각하지 마라."

"네, 어머니."

그 말씀을 들으면서 어머니의 세심한 배려심이 마치 화선지에 먹물 한 방울을 퍼뜨려 놓은 듯이 잔잔하게 파문을 일으키고 있었습니다. 종원이를 안고 계시는 어머니의 옆 얼굴을 바라보았을 때 얼마나 평온하던지요. 어머니처럼 곱게 늙으면 참 좋겠다는 생각을 했습니다.

보통 어른들은 늘 하던 습관대로 다른 형제의 집에 가서도 손주들을 예뻐하기 마련인데, 그 기본적인 감정조차 동서지간의 우애를 다치게 할까 봐 배려하는 그 섬세한 마음씨에 놀랐습니다. 어머니는 그것을 어디에서 배웠을까요.

우리는 차 안에서 어머니의 그 마음 씀씀이에 놀라서 소리 없이 눈을 맞추었습니다. 그리고 살짝 웃었습니다.

'우리 어머니, 정말 대단하신 분이야.'

'응. 어머니, 멋지지?'

그러고는 실제로 큰집에 도착하시자마자 시어머니는 준엄한 표정을 지으셨습니다. 우리가 흔히 텔레비전에서 보았던 전형적인 시어머니의 태도를 연출하셨지요.

"어멈아, 이것을 빨리 준비해서 차리거라."

"아, 예, 어머니."

처음엔 어머니의 놀라운 변신에 당황하여서 부엌에서 몰래 눈물을 훔친 적도 있습니다. 한 번도 준엄한 모습에 길들여지지 않았던 제가 혹시나 무언가 잘못을 했나 싶어서 서러웠지요. 갑작스러운 변화에 놀라 남편의 눈치를 살폈지만 남편은 아무것도 눈치를 채지 못하고 있었습니다. 이미 차 안에서 약속된 것이었기에 그럴 수도 있었을 겁니다.

고향인 철원에 도착하시자마자 어머니는 생기가 돌기 시작했습니다. 여러 조카들과 친척들 사이에 앉아 그간에 못다 한 이야기를 나누느라 바쁘셨습니다. 종원이도 친척들 틈바구니에 끼여 이리저리 사랑을 독차지하느라 어머니는 안중에도 없었던 것이 참으로 다행이었습니다. 애들은 애들끼리 잘 어울리는 법이지요.

어머니의 엄중한 모습에 저는 말 잘 듣는 며느리가 되고 말았습니다. 그곳에 모인 친척들도 어머니 앞에서 설설 기는 저를 보며 속으로 참 참한 며느리라고 생각했을 것입니다.

실제로는 제가 힘들면 쌓인 일거리를 그대로 두고 잠을 자버리는 철부지잖아요. 몸이 약하다는 핑계로 일을 미뤄도 어머니는 이미 아시는 것이기 때문에 저는 편하게 게으름을 피울 수 있었거든요. 쉴 새도 없이 바쁜 명절의 일거리는 제겐 버거운 게 사실이었습니다. 그러나 어머니와 저만 남아 송편을 빚거나, 약밥을 만들 때는 어머니는 예전의 모습으로 돌아와서 조곤조곤 친절하게 가르쳐 주셨습니다.

2박 3일의 큰댁에서의 명절을 보내고 차에 오르는 순간 우리는 다시 허물없는 고부 관계로 돌아와서 신나게 웃으며 대구로 돌아오곤 했습니다. 철원에서만 고분고분한 며느리의 옷을 바꿔 입었던 저나, 뻣뻣한 시어머니의 옷을 입으셔야 했던 어머니나 모두 다 훌륭한 연기자였습니다. 그 갑갑한 옷을 훌훌 벗어버리고 나니 참 홀가분했습니다.

어머니는 동서간의 화목을 위해서 일부러 뻐덕뻐덕한 시어머니의 옷을 지어 입으셨고, 아랫목에 떠억 하니 앉아 계셨던 것입니다. 돌아보면 모두 다 어머니의 섬세한 배려가 배어 있음을 알 수 있어 가슴이 저며 옵니다.

제가 무슨 복으로 이렇게 깊고 너그러운 성품을 가진 분을 시어머니로 만나게 하셨을까? 저는 어쩌다 이런 복을 누리는 것일까? 제겐 너무 과분하다는 생각을 자주 합니다. 그런 생각을 하면서도 금세 잊어버리고서 조금만 힘들어도 수없이 칭얼거렸던 저의 얇았던 마음이 간장 종지에나 견줄 만하여 못내 부끄럽습니다.

작은 여울을 건널 때, 누군가 정성스럽게 놓아둔 징검돌을 디디면서 한 번도 징검돌을 둔 사람의 마음을 헤아리지 못하였습니다. 어머니와 살았던 숱한 시간 동안, 저를 위해 놓아둔 징검돌을 그냥 무심코 건너기만 했습니다.

제가 기억하는 몇 안 되는 기억들 외에도 인생길 고비마다 어머니는 얼마나 많은 징검다리를 만들었을까요? 항상 저희들 앞서 가서 길을 막고 있는 가시넝쿨들을 치우고, 때론 이슬에라도 젖을까 봐 아침 길을 휘이휘이 저어가며 걸어가셨겠지요. 우리는 그저 어머니의 뒤를 따라 걸어간 것밖에 없는걸요. 그러면서도 한 올 남은 가시넝쿨에 옷이 걸리기라도 하면 인생길에 왜 이렇게 걸리적거리는 게 많으냐며

투정대던 며느리의 불평을 묵묵히 듣기만 하고 계셨지요. 이제서야 제가 느끼는 건 어머니처럼 모든 것을 담담하게 받아들일 마음이 없었기 때문이라는 것을 압니다.

무엇이든 돌아보면 다 초보 인생의 흠집투성이뿐이었습니다.

처음 운전대를 잡았을 때의 뻣뻣한 어깨 그대로 인생을 고되게 살아가야 했을 저에게 어머니가 먼저 다가오신 거죠? 아니면 제가 스스로 어머니에게로 간 것일까요? 어머니와 저는 천생연분이라는 말이 맞을 것 같습니다.

가끔 저는 차창 너머 손바닥을 내밀어 보드라운 바람의 속살을 만져보고 싶을 때가 있습니다. 마치 현재의 시간을 확인이라도 하듯이 확인해 보는 것이지요. 어머니를 저의 거울로 삼아 저를 확인해 보고 싶은 욕심이 생기는 걸요.

또 어떤 날은 아름다운 음악을 틀어놓고 먼 풍경을 바라보며 운전을 하면서 손가락으로는 운전대를 톡톡 두드리며 인생의 여유를 느껴보고자 할 때도 있습니다. 아직까지 한 번도 그렇게 해본 적은 없지만 지금 이 순간의 행복을 박자로 표현하고 싶을 때가 있습니다. 어머니가 옆에 있으므로 제 마음이 푸근해져서 그걸 마음의 표시로 드러내 보고 싶은 거지요.

세월이 흘러도 여전히 초보 딱지 자국이 선명한 저이지만 누군가 제 옆에서 든든하게 지켜보고 있다고 생각하면 콧노래가 절로 나올 법도 합니다. 제가 출근하고 없을 때에도 항상 집을 지켜주시고, 제가 종종걸음으로 골목을 들어설 때면 멀리 베란다에 서서 저를 바라봐주는 이가 있다는 것이 든든하거든요.

제가 아무리 힘들어도 그 앞엔 벌써 어머니가 먼저 가시며 평탄한 길을 만들어 놓고 계셨습니다. 저는 걸음마를 배우는 아가처럼 어머니의 손을 잡고 걷기만 하면 됩니다.

징검다리를 건널 때마다 저를 위해서 미리 마련해 두신 어머니의 숨은 정성을 늘 감사함으로 누리며 살았지요. 지금 돌아보니 제 길에서 어머니는 언제나 자갈돌을 골라 내셨고, 가시도 치워 주셨으며, 깨진 유리조각을 주워 멀리 내다버린 뒤였습니다. 어쩌면 그렇게 알뜰하게 저를 챙겨주시려고 그러셨는지 그저 행복하기만 합니다.

어머니, 이 세 글자 속에 어머니의 정신과 사랑과 애씀이 다 녹아 있습니다. 제가 언제까지라도 다 갚을 수 없는 깊은 사랑에 몸 둘 바를 모르겠습니다. 저 천국에 가셔서도 사랑의 징검다리를 놓으시며 노심초사 우리들이 행여라도 고생할까 봐 안타까운 눈빛으로 지상을 내려다보고 계시겠지요. 어머니, 그립습니다.

마음을 나누면 사랑이 되고

"어멈아, 냉정리에서 감자를 보내왔더라. 고맙다고 전화나 해라."
"예, 어머니."
"오늘 낮에 경기미 중에서 향기 나는 찹쌀 두 포대와 멥쌀을 보내왔더구나."
"네, 어머니. 잘 받았다고 전화하겠습니다."
"그래, 이것도 다 정성이다. 보내준 정성이 고마우니까 꼭 전화해라."
"그럼요, 어머니, 김 맬 때 풀 한 포기 안 뽑아줬는데도 이런 걸 보내주셨으니 늘 고맙지요. 고맙다는 인사라도 꼬박꼬박 드려야지요."
"그래. 여름 뙤약볕에 일하느라 고생이 많지. 그래도 둘이서 마음 합쳐서 잘 사는 거 보면 내가 고맙지."
"어머니, 냉정리 형님과 시매부님은 정말 금슬도 좋은 거 같아요. 신앙심도 좋고, 나누는 것도 너무 잘 하는 것 같아요."

"나누는 것도 사람 마음대로 안 되는 거다."

그렇게 어머니와 이야기를 나누고 나서 시누이와 통화를 하면 30분은 후딱 지나갑니다. 고맙게 잘 받았다는 인사와 함께 서로의 살아가는 이야기를 속속들이 나누다 보면 멀리 떨어져 있어도 서로의 집안일을 훤히 알 수 있게 됩니다.

마치 수족관 속의 물고기처럼 훤히 들여다보여서 저쪽 집에서 일어나는 일과 우리 집에서 있었던 일들이 모두 튀어나옵니다. 저는 시집을 온 며느리로서 살갑게 대하려고 그러는 편이고, 시누이는 어머니를 모시고 사는 제가 더 살가워서 마음속에 있는 정을 듬뿍 쏟아냅니다. 우리는 제가 시집을 오던 날부터 서로가 모든 걸 다 터놓고 살았습니다. 가끔 너무 힘든 일은 혹시라도 염려를 할까 싶어 숨길 때도 있지만 어느새 어머니를 통해 저의 어려움을 다 알고 있었습니다. 저번에 기관지 천식으로 고생을 했던 것도 어머니가 시누이에게 말을 했던가 봅니다.

"오늘 목소리가 곱네? 그러니까 기분이 좋아."

"그러세요? 요즘은 조금 괜찮아졌어요."

"목을 많이 쓰니까 조심해야 돼."

시누이는 어머니를 닮아서 늘 저를 걱정합니다. 자신의 동생보다도 저를 더 생각해 주는 것이 여간 기쁘지 않습니다.

감자를 캘 때면 싱싱한 감자를 라면박스에 넣어서 보내주고, 고구마를 캘 때면 붉은 고구마를 박스에 넣어서 보내주고, 옥수수를 딸 때쯤이면 찰옥수수를 듬뿍 넣어서 부쳐줍니다.

　가을걷이 때에는 철원의 향기 나는 찹쌀과 멥쌀을 두세 자루 보내줍니다. 그 안에는 봉지마다 농사를 지어 수확한 참깨, 콩, 고춧가루, 들기름 병이 촘촘하게 박혀 있습니다. 택배 소포를 열어 보면 형님 내외분의 그 알뜰한 정성이 차곡차곡 담겨져 있습니다. 저는 풍성한 수확을 한 농부처럼 마음이 든든해져 옵니다.

　"어머니, 이렇게 많이 보내주면 먹을 게 어디 있겠어요?"

　"아니다. 농사짓는 이들은 자기 먹을 것은 놔두고 주는 거다. 씨까지 다 보내주는 법은 없느니라."

　어머니도 흐뭇하신가 봅니다. 형제간에 우애를 나누며 사는 모습을 보기가 참 좋았는가 봅니다. 어머니의 얼굴에 따스한 온기가 번져 나옵니다.

　특히 붓글씨를 멋지게 쓰시는 시매부님은 택배 소포 겉에다 꼼꼼하게 붓글씨로 주소를 쓴 것을 볼 수 있습니다. 주소 한 글자에도 정성을 기울였는데 글씨만 보고서도 두 분의 사랑과 정성을 보듯 늘 정겹고 반갑습니다.

　'참 좋으신 분들이다. 한두 번도 아니고 추수 때마다 이렇게 보내주는 마음이 참 대단하시다.'는 생각을 갖게 합니다. 일 년 동안 어렵게 농사를 지어 그 수확물을 장에 내다팔지 않고 처음 난 것을 보내듯 저희 집으로 부쳐주는 그 정성만 보더라도 어머니의 마음씨를 그대로 쏙 빼닮았다는 생각을 하게 됩니다.

늦가을이 되면 추수를 하고 난 뒤의 설거지를 하느라 한창 바쁠 터인데도 100포기나 되는 김치를 담가서 부쳐옵니다. 어떻게 그렇게 제철에 따라 알맞은 곡식과 배추김치를 잊지 않고 보내시는지 참 경이롭기까지 합니다. 잊고 있다가 보면 언제 부쳤는지 택배가 집으로 도착해 있는 것을 보면서 남을 돕는 것도, 남에게 선한 일을 하는 것도 정성이 없으면 까맣게 잊어버리고서 지나가버릴 일인데, 정성이 극진한 것이지요. 마음은 늘 저희 집으로 향해 있다는 것을 알게 되니 얼마나 감사한지 모릅니다.

그 많은 소포를 받고도 우리가 보내는 것은 겨우 과일 한 상자입니다. 그래서 저는 늘 미안한 마음뿐입니다. 도시 인심과 시골 인심의 차이라고는 할 수 없지만 시골에 사는 그분들의 넉넉한 인심에 저는 경이로움을 느끼곤 합니다.

우리 집의 알콩달콩한 소식은 어머니가 날마다 전화로 알립니다. 작은 시누이는 우리 집의 아침 반찬이 무엇이었는지, 아이들이 학원을 빼먹었는지, 제가 일이 많아 늦게 퇴근하는 것이라든지, 병원에 가서 약을 며칠 분량 받아왔는지 옆집에 사는 것처럼 일일이 다 꿰고 있습니다. 어머니는 집안 청소를 끝내놓고서 거실에 혼자 앉아 전화를 돌리시는가 봅니다.

어머니가 전화를 걸 때는 보통 수첩을 보고 전화번호를 누릅니다만, 작은 시누이의 전화번호만은 그냥 꾹꾹 누릅니다. 그 번호만 통째로 외우고 있는 거지요. 어머니의 전화는 딸을 향한 창문입니다. 어느 시인은 남쪽으로 창문을 내겠소 라고 노래했지만 우리 어머니는 냉정리를 향해 문을 낸 것이 분명합니다. 그 문으로 집안일들을 시시콜콜 나누고, 농사짓는 일을 나누고, 사소한 일상을 열고 닫으며 저 대신에 정이라는 가족의 씨앗을 뿌려놓습니다.

어느 해인가 시누이의 둘째 아들이 장가를 들 때였습니다.

"어멈아, 순기가 장가가는데 어디서 했으면 좋겠냐?"

"그건 양쪽 집안에서 결정하겠지요?"

"시골에서 잔치 한 번 하고, 서울에서도 한 번 한다는데 어느 식당에서 하면 좋겠노?"

"어머니, 그건 형님이 알아서 해야 할 것 같은데요."

"그래도 우리가 알려줘도 되지 않겠나?"

"어멈아, 냉정리 동네 사람들한테 돌릴 떡은 뭘로 하면 좋겠노?"

어머니는 냉정리 시누이의 일을 즐거운 마음으로 받아들이고 있었습니다. 그래서 마치 제가 딸이라도 되는 양 저에게 모든 것을 물어오는 것이었습니다. 그러는 것이 싫지 않았습니다. 좀 더 살갑게 다가오려는 어머니를 저는 밀쳐내고 싶지 않았습니다.

우리는 둘째 조카가 장가를 드는 두 달 가까이 우리 집의 모든 대화 주제는 조카의 결혼을 준비하는 이야기로 시작해서 결혼 이야기로 마치고 잠자리로 드는 것이었습니다.

그만큼 어머니는 냉정리의 딸과 제가 친하게 지낸다는 것을 알기 때문에 그 마음을 그대로 내보이고 있는 것입니다.

　우리야 시누이의 아들 결혼식에 부조금을 들고 가서 축하한다는 인사밖에 할 게 없지만 지금 어머니는 마치 제가 아들을 장가라도 보내기라도 하는 것처럼 시시콜콜 저에게 물으면서 혼자만의 기쁨을 누리고 있었습니다. 혼주가 해야 할 일을 대구에 사는 우리가 사소한 것까지 함께 머리를 싸매고 걱정을 하는 것이었습니다. 어머니의 마음이 가는 곳이라면 저는 늘 함께 따라 다녔습니다. 거리만이 그리움을 낳는 건 아닌 것 같습니다.

　경기도 포천군 관인면 냉정리는 어머니의 가장 가까운 이웃이었고, 가장 편하게 마음을 나누는 마음의 창문이었습니다. 어머니의 창문은 언제나 냉정리를 향해 있었습니다. 해바라기가 언제나 해를 따라 돌듯이, 어머니는 집안일을 하느라 피곤한 것도 잊어버리고서 매일 작은 시누이를 향해 마음을 보내고 있었습니다.

　저는 눈치가 빨라서 어머니의 마음이 가는 곳으로 작은 선물을 보내곤 했습니다. 2남 2녀 중에서 어머니의 마음이 가장 가까이 가 있는 곳으로 작은 선물이라며 챙겨서 보냈던 것입니다.

　"어머니, 오늘 사과 한 박스 냉정리로 보냈어요."

　"어이구, 그래. 너희들도 힘든데 뭘 그런 것을 보내? 그래도 고맙다."

　어머니의 마음 한 편에 고마움이 얼굴에 환하게 피어나는 모습이 참 보기 좋습니다. 저는 모든 집안에 골고루 잘하는 것이 아니라 특별히 어머니의 마음이 가 있는 곳으로 보냈을 뿐입니다. 어머니의 칭찬을 들으려고 그랬던 것은 아닙니다. 늘상 우리들을 챙겨주시는 그분들에게 집안 경사를 맞아 제가 할 도리를 했을 뿐입니다. 그동안 제가 받은 것에 비하면 턱없이 부족한 것이지만 왠지 모르게 정감이 가는 시누이에게 제 마음을 담아서 보내주고 싶었습니다.

제가 학교에 가서 수업을 하는 동안에도 어머니는 우리의 일상사를 시누이한테 일일이 알리며 통로의 임무를 한시도 게을리한 적이 없습니다.

"냉정리에서는 요즘 모내기 한다고 한창 바쁘다고 그러네. 사위는 허리가 안 좋은데……. 그 동네 논을 다 갈아주고 모내기를 해주느라 무리하면 수술한 게 또 덧날지도 모르는데……."

어머니는 대구에 앉아서 작은 시누이네 농사와 안녕을 걱정하고 계십니다. 우리 어머니는 자식들의 일을 걱정하는 게 마치 당신의 임무인 것처럼 중얼거리실 때마다 저의 눈에는 어머니의 사랑의 힘을 보게 됩니다. 그것은 이 땅의 어머니들이 내려놓지 못하는 마음의 짐이라는 것을 압니다. 이젠 내려놓아도 될 일이지만 아직도 어머니는 그 짐을 내려놓지 못하고 계십니다.

저는 퇴근해서 학교에서 일어난 일을 말씀드립니다.

"어머니, 오늘 학교에서요, 학생이 선생님한테 달려드는 일이 있었어요."

"아이구, 학생이 그러면 쓰나? 큰일 났네. 너는 괜찮니?"

"예, 어머니는요?"

그러면 어머니는 오늘 낮에 냉정리의 마실을 다녀온 것처럼 작은 시누이네 집과 동네의 이웃들과 교회에서 있었던 일들을 낱낱이 중계방송을 하기 시작합니다. 그렇게 주고받은 이야기를 그대로 다 옮기는 것을 보면서 "와, 어머니, 대단하세요. 어떻게 그렇게 상세하게 말씀하실 수 있어요?"라는 제 말에 어머니는 활짝 웃습니다. 그것은 마치 학생들이 선생님으로부터 칭찬을 들었을 때처럼 기분이 좋은 모습입니다.

저는 집에 와서 학교에서 있었던 이야기를 들려드리고, 어머니는 작은 시누이네와 나눴던 이야기를 주로 들려주었고, 간헐적으로 어머니가 오늘 낮에 전화로 이야기를 나눈 몇몇 분의 이야기를 통화한 시간만큼 정확하게 들려주셨습니다.

어떨 때 제가 시험문제를 내느라 컴퓨터 앞에 앉으면, 어머니는 제 등 뒤에 대고 계속 말씀을 하십니다. 그러다가 가끔씩 컴퓨터 옆으로 와서 물끄러미 보십니다.

저는 시험문제에 집중해 있다가 잠시 고개를 돌려 "예, 어머니! 그러셨어요?"라고 말하면 어머니는 다시 조금 전에 했던 이야기를 지루하지 않게 다시 구성하여 들려주십니다. 어떤 때는 낮에 아이들의 동화책을 읽은 것을 이야기해 주시고, 어떨 땐 성경 말씀에서 읽은 성경의 인물에 대해서 이야기를 하십니다. 그런데 마치 현장에서 직접 본 것처럼 사실적으로 표현하는 것이 참 신기할 정도입니다.

"어머니, 오늘 방과후 수업하고 3만 원 받았어요. 어머니, 제가 특별

수당 받았으니 오늘 맛있는 것 먹을까요?"

"아이구, 애썼구나. 냉정리(작은 시누이를 늘 부르는 말)는 하루 종일 꽃모종을 심어도 몇 만 원도 못 받는다고 하더라. 그래도 너는 한 시간하고 그렇게 버니 장하다."

"어머니, 저는 가끔씩 벌지만, 냉정리는 매일 가서 저보다 훨씬 많이 벌어요."

"아, 그러냐?"

"그럼요, 어머니, 그러니까 이제 어머니는 걱정하지 않으셔도 돼요."

어머니는 작은 시누이가 돈을 많이 번다는 말에 기분이 좋으신가 봅니다. 은근한 미소를 짓습니다. 그 모습이 얼굴에 역력하게 드러납니다. 실은 작은 시누이는 시골이지만 몇 만 평의 농사를 짓고, 동네에서도 인정을 받을 정도로 넉넉한 집입니다. 월급쟁이인 우리보다 훨씬 형편이 좋은데도, 딸에 대한 안쓰러운 마음은 여전한가 봅니다.

여러 형제가 있어도 부모의 마음이 짠하게 머무르는 곳은 누구에게나 있기 마련인가 봅니다. 어머니 마음이 머무는 곳은 바로 냉정리에 사는 작은 시누이입니다.

어머니는 경로당에는 잘 가시지 않았습니다. 거기에 가면 하루 종일 화투놀이를 한다고 합니다. 어머니는 화투를 절대로 안 하십니다. 아주 오래 전 어머니는 할아버지가 화투로 집안 살림을 다 말아먹은 뒤로부터 화투를 하는 사람은 집안을 말아먹는 이라고 그랬습니다. 그러니 화투를 손에 대지도 않고 아예 하실 줄도 모릅니다.

그저 꽃이나 식물을 가꾸거나 집안일을 하거나 교회의 모임에 참여하는 것이 전부입니다. 경로당에서 일어나는 일도 어머니에게서 자세한 설명을 듣고 나면 저는 그곳에 안 가봐도 훤히 꿰뚫을 수가 있었습니다. 어머니가 별로 안 좋아하는 일은 저도 자연스레 어머니 편에서 꺼리게 되는 것 같습니다.

아침에 동쪽을 향했던 해바라기가 남쪽에서 서쪽으로 옮길 때까지 그 얼굴엔 한 번의 찡그림도 없이 오로지 해만 따라갈 뿐입니다. 그래서 해바라기의 목 언저리엔 힘줄이 선명하고 굵습니다. 하루도 빠짐없이 해를 향한 그 마음처럼 어머니의 마음은 항상 멀리 떨어져 있는 작은 딸을 향해 목을 길게 뺍니다. 냉정리를 향한 해바라기의 마음이랄까요. 비오는 날에도 어머니의 고개는 창문을 통해 냉정리로 향합니다.

"오늘은 냉정리 애들도 비 오니까 쉬겠구나. 비가 많이 올 거 같네."

우리와 살면서 마음 한 편에는 언제나 냉정리를 향한 창문을 열어두고 있지요. 그 모습을 지켜보면서 저는 부모의 마음이라는 것을 배우게 됩니다. 아들도 아니고, 딸을 향한 어머니의 마음을 말입니다. 마음을 이리저리 갈라서 다 나눠주고도 그래도 무언가 생기면 매순간마다 자식들을 생각해내는 부모의 무조건적인 사랑을 봅니다. 저는 가까이에서 그러한 모습을 바라봅니다. 어머니, 나중에 제가 어머니처럼 우리 아이들에게 그렇게 하라고 가르치시는 거죠.

친정 엄마와 시어머니의 차이

 기관지 천식 때문에 한 주에 한 번씩 대학병원에 약을 타러 다녔습니다. 그 시간이 5년이었습니다. 어느 날 버스를 타고 가는데, 차창 밖으로 아주 낯익은 뒷모습이 보입니다.
 머리에 무언가를 이고 가는 나지막한 뒷모습이 어머니임에 틀림이 없습니다. 저도 모르게 일어나 벨을 누르고서 버스에서 내렸습니다. 우리 어머니였습니다. 어머니의 손에 든 보자기에는 여름 과일이 들어 있었습니다. 제가 들었을 때 묵직했습니다. 어머니는 가끔 집안일을 다 해놓고서 경로당이나 가서 소일하지 않고 시장을 돌다가 싼 것이 있으면 사들고 오시는 것이 낙이었습니다.
 "어머니. 무거운데 택시라도 타시지 그랬어요."
 "그 돈이면 과일 더 살 수 있겠다."
 "날씨도 덥잖아요."

"농사철에 땡볕 아래서 김매는 것보다 훨씬 낫다. 괜찮다."

우리는 나란히 아파트로 걸어 들어왔습니다. 저는 어머니가 들고 있었던 과일 보자기가 무거워서 팔이 저릴 정도였습니다. 중간에 오다가 어머니가 들겠다고 했지만 저는 어머니에게 건네주지 않았습니다. 거실에서 어머니가 사온 과일을 먹으며 하루 동안에 있었던 이야기를 듣는 것이 제겐 하루의 피로를 푸는 것이었습니다.

며칠 전 일입니다.

"우와, 이거 진짜 달고 맛있네요."

"그래? 효목 시장에서 할머니가 농사지어서 팔러 나왔기에 내가 샀다."

"거기서 사서 들고 오려면 많이 힘들었을 텐데요."

"힘들긴 뭐가 힘드냐? 옛날에 산으로 고철 주우러 다니거나, 산에 고사리를 캐러 다닐 때를 생각하면 아무것도 아니지."

제가 갓 결혼했을 때 우리 어머니는 일흔 두 살이었습니다. 남들이 보면 시골 할머니라고 할 정도로 고부간에 나이 차이가 많았습니다. 그런 어머니가 우리가 살던 언덕 집을 향해 오르실 때는 저보다 더 재빠르게 걸으셔서 저는 점점 뒤처져서 걸었습니다.

"어머니, 좀 천천히 가요. 너무 숨차요."

"그래, 쉬엄쉬엄 오너라." 하며 그 자리에 서서 며느리를 기다려 주셨습니다.

연세보다 어머니는 야무지셨고, 전혀 힘든 기색이 없었습니다. 어머니는 옛날의 시절에 비하면 엄청나게 호강하며 살고 있다고 늘 말했습니다. 한 번도 집안 일로 힘들다는 말을 하신 적이 없습니다. 대신에 우리더러 아침 일찍 일어나 일하러 가는 우리들이 더 힘들 거라고 말을 하십니다. 처음엔 으레 하는 말이라고 생각했지만 그것이 어머니의 진심이라는 것을 알았습니다.

말로만 그렇게 하는 게 아니라 뼛속 깊숙이 그런 생각으로 가득 차 있는 듯했습니다. 지금까지 사는 날 동안 저를 배려하는 말씀만 하셨지, 한 번도 나무란 적이 없었습니다.

그런 어머니가 어제 제가 흠집이 난 사과가 맛있다고 했더니 아마 그것을 다시 사러 언덕길을 넘어 효목 시장으로 가시는 것 같습니다.

그 순간, '이럴 줄 알았으면 맛있다고 말하지 말 걸. 그러면 어머니가 뙤약볕에 사러 가는 수고는 하지 않으셨을 걸.' 하는 후회가 앞섰습니다.

신혼 초부터 우리는 조금도 불편함이 없이 살았던 것 같습니다. 결혼 초에 기관지 천식으로 밤마다 어머니를 괴롭힌 것 외엔 부대낌 없이 지내온 것 같습니다. 그러나 지금까지도 저는 기관지 천식으로 학교에 병가를 내고 병원을 오가는 게 일상이 되어 있습니다.

찬바람을 쐬지 않기 위해 무더운 여름날에도 우리 집은 선풍기를 틀지 않습니다. 그래도 어머니는 한 마디도 불평하지 않습니다. 도리어 제가 기침이 시작되면 방에서 이불을 뒤집어쓰고서 그것을 참아내느라 애를 쓰는 모습을 옆에서 애처로이 바라보고만 계셨습니다.

그러다가 며느리가 사과가 맛있다는 한마디에 신이 나서 긴 언덕을 넘어 그것을 사러 시장엘까지 가는 것이었습니다. 오늘도 저는 어머니가 걸어가시는 뒷모습을 발견하고는 나도 모르게 혀를 찹니다.

어머니의 모습을 보고선 갑자기 눈물이 툭 떨어졌습니다. 몰래 눈물을 훔쳤습니다. 사연 모르는 사람들은 왜 저러나 하고 힐끔거리기도 했을 것입니다.

'우리 어머니를 평생 진심으로 잘 모셔야겠다. 저렇게 내게 사랑을 베푸시는데……'

흠집 난 사과를 이고 가는 어머니의 뒷모습은 평생 잊을 수 없는 광경입니다. 마치 어린 날 시골 장터를 돌던 어머니의 모습을 보는 듯합니다. 제게는 너무나 고마운 분입니다.

그래서 가끔 흠집 난 과일을 먹을 때면 오늘 또 어머니가 시장엘 가셨구나 하고 생각합니다. 어머니의 뒷모습이 자꾸 겹쳐져서 울컥하곤 합니다. 흠집 난 사과지만 더 없이 달고 맛있었습니다.

누군가를 위해 밭품을 팔아 언덕길을 걸어가서 시장에서 사과를 사본 사람이라면 그 사람은 사랑이 넘치는 사람일 것입니다. 저는 그런 사랑을 받으면서도 감사할 줄 몰랐습니다. 그냥 어머니로서 섬겼을 뿐입니다. 그 기억이 24년이 지난 뒤에도 새파랗게 그대로 머릿속에 새겨져 있습니다. 신혼의 짧은 시간 동안 제게 늙은 호박을 삶아 먹이시던 어머니.

4월에 결혼하여 6월에 천식이 발병하면서 시작된 어머니와 저와의 고된 인연이 지금까지 끈을 놓아주지 않고 있습니다. 대학병원에서 숱한 검사를 했지만 결과는 원인 불명의 천식이라는 것이었습니다. 그때부터 온 가족은 저의 천식 병을 위해 온갖 민간요법을 다 쓰기 시작했고, 몸에 좋다는 것은 다 먹여준 것 같습니다. 오늘처럼 저를 위해 먼 거리의 시장을 걸어서 다녀오는 뒷모습이 저를 울게 만들어 버립니다. 평생 지워지지 않을 감사의 이름표 같은 것이었습니다.

그날 저녁에 흠집 난 사과를 깎아 먹으며,

"어머니, 이거 진짜 맛있는데요. 이제는 멀리 가서 사오지 마세요. 어머니 힘드시잖아요."

"뭐가 힘드냐? 예전에 산에서 고철도 주었는데. 그게 얼마나 무거운지 아니? 이런 것은 아무것도 아니다. 염려 마라."

어머니는 힘든 이야기를 하실 때면 으레 철원에서 산길을 타며 고철을 주우러 다니시던 이야기를 꺼냈습니다.

군인들의 사격 연습이 끝나면 동네 사람들이 밥을 먹다가도 숟가락을 내려놓고서 포탄이 떨어진 곳으로 고철을 주우러 나갔다고 합니다. 그때의 모습을 생생하게 들려 주셨습니다.

산 너머에서 포병들이 쏘아댄 포탄이 떨어진 곳으로 가는 것은 생명을 담보로 하는 일이었습니다. 폭발한 포탄이야 위험하지 않지만, 폭발하지 않은 포탄을 만졌다가 폭탄이 터져서 죽은 이웃들도 있었다고 합니다. 죽지는 않았지만 팔과 다리를 잃어버리는 일도 수없이 보았다고 했습니다.

포탄 껍데기인 고철을 주워서 그것을 팔아 생계를 꾸렸던 지난날들을 추억하며 이야기를 하실 때에는 저도 모르게 숙연해집니다. 첩첩산중을 포탄 껍데기를 찾느라 헤매고 다니셨을 우리 어머니. 자식들을 먹여 살리려고 그 위험한 일을 감내하셔야 했던 우리 어머니였습니다. 그래서 항상 힘든 일을 이야기할 때는 항상 그 시절로 돌아가 포탄 껍데기를 줍던 일을 이야기하곤 합니다. 그러니 언덕 하나 넘어서 시장에서 과일을 사 들고 오는 것은 새 발의 피에 불과하다는 것이었습니다.

우리가 상처를 받든 감동을 받든지 간에 어느 한순간에 감정의 골이 생긴다는 생각을 하게 됩니다. 사람이 주는 한순간의 눈빛으로 사랑의 씨가 싹트기도 하고, 한순간에 던진 말이 비수가 되어 가슴에 꽂히기도 합니다.

다행히 저는 어머니의 사과 보자기를 이고 가는 모습이 감동으로 남아 있어 행복하다는 생각을 갖게 됩니다. 그러고 보면 한순간이라는 것은 길고긴 전선이 죽 이어져 오다가 콘센트에 플러그를 꽂는 순간 전기가 되어 환한 불을 밝히기도 하고, 때로 커피포트에 따뜻한 물을 끓여 달콤한 차를 만들어 주기도 하는 것 같습니다. 어머니에게서 흘러나오는 것에서는 언제나 사랑의 전기가 흐르고 있어 저는 언제나 어린아이처럼 믿음으로 어머니의 콘센트에 플러그를 꽂아 사랑의 전기를 공급받았던 것 같습니다.

텔레비전에 나오는 멋지고 우아한 자태의 시어머니들의 모습은 우리 어머니에게 없습니다. 그 대신에 우리 어머니에게서는 그저 질그 릇처럼 투박하고 푸근하고 낯익은 듯한 평범함이 있었습니다. 저는 그 다듬지 않고 손질하지 않은 듯한 그 순박함이 더 좋습니다. 이 모습 그대로의 어머니가 제겐 더 어울리는 것 같습니다.

그저 평범한 이웃집 어머니 같은 우리 어머니. 그래서 제가 더 부담 없이 다가설 수 있고 편안하게 모실 수 있었던 것 같습니다. 그냥 마음만 드려도 항상 고맙다는 말로 응대하시는 어머니. 물 묻은 손으로도 덥석 잡아주는 손, 어깨를 툭툭 쳐주는 그런 정겨움이 저는 더 좋습니다.

우리 어머니는 일상적이고 평범함의 옷을 입고 항상 제 옆에 서 계셨습니다. 일상생활에서 평범하게 만나는 우리 어머니를 저는 자랑하고 싶습니다. 제 성격이 까칠하여서 더욱 그런가 봅니다. 항상 제 옆에만 계실 줄 알았는데 철원으로 가시고 나면 저는 어떻게 살아야 할지 모르겠어요.

# 비빌 언덕이 있어야 한다

 예전에 방학이 되면 친정 엄마가 우리 집으로 와서 일주일쯤 머물렀습니다.
 친정 엄마는 내가 못마땅한가 봅니다.
 "살림이 왜 이 모양이니?"
 "반찬을 그렇게 하면 어떡하니?"
 "이불 호청에 풀을 왜 이렇게 뻑뻑하게 먹여 놨어?"
 듣고 있으면 끝도 없이 계속되는 꾸중에 제가 말했습니다.
 "엄마, 엄마가 일주일 동안 하시는 꾸중이 어머니가 일 년 동안에 하는 꾸중보다 더 많은 것 아세요?"
 "야, 너의 시어머니는 성품이 좋아서 그렇지, 살림을 이렇게 하면 어떡해. 학교 일 한다고 집안일 게을리하는 여자가 어딨니? 어른 모시면서 이렇게 해놓고 사는 게 어딨어."

친정 엄마가 오시는 여름방학에는 제가 스트레스를 받습니다. 방학 전에는 '학교 일로 스트레스를 받다가 방학하면 좀 쉬겠구나.' 하고 생각했는데, 막상 방학이 되면 이번엔 친정 엄마가 이래라 저래라 하고 딴지를 걸기 시작합니다.

이불 빨래도 다시 해야 하고, 커튼도 뜯어서 다시 빨고, 부엌살림도 죄다 꺼내놓고 다시 정리를 해야 합니다. 일일이 손이 닿지 않는 곳이 없습니다.

친정 엄마는 마치 검열관처럼 제 옆에 붙어서 사사건건 가르치려고 합니다. 집 안을 샅샅이 살피고, 때 묻은 곳이나 정리가 안 된 곳은 여지없이 지적을 합니다. 저는 어머니의 눈치를 봐가며 땀 흘려 청소를 하기 시작합니다. 혹시나 딸이 살림을 하면서 흠이 잡힐까 봐 구석구석 정리를 시키고, 저는 청소를 하느라 하루 이틀은 부엌에서 살았습니다. 친정 엄마더러 좀 쉬라고 말을 해도 친정 엄마의 눈에 딸의 솜씨는 영 마땅찮은가 봅니다.

며칠 동안의 청소와 빨래를 끝내고 나면 친정 엄마는 사돈인 어머니에게로 가서 말하십니다.

"사돈어른, 저 애를 많이 가르쳐 주세요. 아직 아무것도 몰라요. 장 담그는 것도 가르치시고, 못하는 거 있으면 따끔하게 야단쳐야 해요."

"웬 걸요. 마음을 다해서 잘하고 있는데요."

"제가 가르친 게 별로 없으니 이제는 사돈께서 잘 가르쳐 주셔야 합니다."

친정 엄마는 자라면서 본 저의 수많은 허물을 알고 있어서인지 엄마는 염려스러운 눈빛으로 저에게 눈총을 줍니다. 저는 잠시라도 딴 눈을 팔면 엄마가 시어머니에게 어떤 말을 할까 싶어 그 자리를 떠나지 못합니다. 그러나 어머니는 저의 그런 허물은 전혀 개의치 않는다는 표정이셨습니다. 일은 조금 못하는 게 있을지 몰라도 마음만은 편하게 해준다고 말씀을 하셔도 친정 엄마는 계속해서 나를 핀잔을 주기에 바쁩니다.

"학교 일 하느라 지도 몸이 고되지요. 이만하면 되지요."

"아휴. 그게 아니에요. 그렇게 두면 계속 그래요."

옆에서 듣고 있으면 제가 슬슬 부아가 올라옵니다. 그동안에 정성을 다해 모셨던 저로서는 억울하기 짝이 없습니다. 입을 꾹 다물고서 시어머니의 눈치만 살피고 있었습니다.

그래도 친정 엄마가 오시기 전에는 퇴근 후에 집 안을 구역별로 나누어 차례차례 정리를 해갔습니다만, 검열관의 눈에는 언제나 허술한 점이 먼저 보이는가 봅니다. 아니면 딸이 혹시라도 꾸중을 들을 일이 있을까 봐 미리 시어머니에게 떠보는 것인지도 모르겠습니다. 친정 엄마도 어머니처럼 속이 깊고 지혜로운 사람이었으니까요.

해마다 이런 일이 반복되다 보니까 저도 요령이 생겨 미리 청소를 하고, 방학이 다가오면 어머니께서도 집 안을 검사해줍니다. 사돈이 와서 딸을 구박할까 봐 염려가 돼서 하시는 배려입니다.

"어멈아, 이불 호청 다시 꿰맬까?"

"거기 연탄광 바닥도 쓸어야겠더라. 거기도 들여다보시던데."

"화장실 바닥도 한 번 닦자. 저번에 보니까 락스를 막 뿌리고 청소를 하시더라."

죄 없는 우리 어머니도 아예 사돈을 맞아 검열을 받을 준비를 합니다. 친정 엄마가 어디를 보시는지, 어떤 것을 나무라시는지 이미 훤히 꿰뚫고 계셨습니다. 그러고는 저에게 그것을 가르쳐주었습니다.

그리고 친정 엄마가 와서 잠시 대화를 나누다가 엄마가 검사를 하려고 일어서기라도 하면 어머니는 친정 엄마에게 이렇게 말합니다.

"방학하자마자 며느리가 청소를 하느라 며칠을 고생하더라고요."

미리 선수를 치는 겁니다.

"엄마, 이불 보세요. 다시 꿰매었고요. 화장실도 청소했고요, 냉장고도 정리했어요."

"그래? 이제 살림 솜씨가 좀 늘었구나."

그러고 나서부터는 친정 엄마의 잔소리가 없어졌습니다. 다음 해부터는 아이들의 재롱을 보느라, 두 어른이 마주앉아서 옛날 음식을 만들어 드시느라, 두 분이 사이좋게 대화를 나누는 것으로 저는 해방이 되었습니다.

살림 검사는 끝이 났지만 아직 남아 있는 것이 있었습니다. 학교를 마치고 돌아와 어른과 같이 생활하는 자세에 대해서 가르치기 시작합니다. 그것은 눈에 보이지 않으니 엄마의 잔소리는 끝이 없을 정도입니다. 제가 꾸중을 들을까 봐 아예 정답지를 들고서 이것저것을 가르치려고 애를 씁니다. 마치 학교에서 장학지도를 받을 때처럼 꼼꼼히 이야기를 해줍니다. 참 웃기는 일이었습니다.

"어머니, 제가 친정 엄마한테 덜 혼나도록 앞에서 막아주세요."

"허허, 그래라. 어떻게 막아주랴?"

"제가 다른 일은 잘하는 것도 많다고 말씀해주세요."

"그래, 그러마. 허허허."

어머니와 저는 친정 엄마가 오기 전에 미리 머리를 맞대고 작전을 짜기 시작합니다. 그러면서 우리는 마구 웃었습니다.

종원이의 재롱에 엄마의 마음이 온통 손자한테로 쏠리면서 친정 엄마의 검열은 자연스럽게 느슨해지고 말았습니다. 딸을 염려하는 친정 엄마의 마음도 이해가 되고, 며느리를 감싸고 싶은 어머니의 마음도 충분히 이해가 되었습니다. 두 분 사이에서 저는 눈치를 보느라 나한테 유리한 쪽으로 살짝살짝 붙으면서 요령만 제법 늘었습니다.

친정 엄마는 불리할 때는 시어머니의 등 뒤로 가서 붙어버리는 딸이 밉지 않았을 터이고, 어머니 또한 어머니 등 뒤로 와서 히죽거리며 웃고 있는 제가 밉지는 않았을 것입니다. 그런 저를 두 어른이 예뻐한다는 것을 온몸으로 느낄 수 있었습니다.

하여간 저는 우리 엄마가 오시면 어머니로부터 칭찬을 듣는 며느리가 되었습니다. 저의 좋은 점만 자꾸 말하니까 친정 엄마도 두 손을 들었는지 그저 웃기만 합니다. 고래만 칭찬으로 춤추는 게 아니었습니다. 저도 어머니의 칭찬대로 그저 작은 일에도 성의를 다해 일하고자 마음을 먹었습니다.

결혼 초에는 무언가를 잘 하려고 애를 쓴다는 게 꼭 일을 저지르고 말았습니다.

"쨍그랑" 설거지하다가 그릇을 깨뜨리기가 일쑤였습니다. 그릇은 왜 제 손에서만 잘 미끄러지는지 알 수 없었습니다. 그때마다 어머니는 그릇이 아깝기도 했겠지만 언제나 저를 먼저 보듬어 주셨습니다.

"어이구, 어멈아, 괜찮냐?"

어머니는 화들짝 놀라서 하던 일을 후다닥 걷어치우고는 달려왔습니다.

"네. 괜찮아요."

그렇게 그릇을 많이 깨버렸지만 아직도 깰 그릇이 남아 있었던지, 둘째 아이를 낳고는 손목에 힘이 없어서 거의 모든 그릇을 다 깨먹었습니다. 할 수 없이 세척기를 사고서야 그릇 깨지는 일이 멈추었습니다.

어머니는 유난히 오래 된 그릇들을 아끼시는데, 제가 그릇을 다 깨버렸으니 속으로야 얼마나 마음이 아팠겠어요. 그렇게 아까운 그릇을 깨버렸는데도 어머니는 저를 감싸며 걱정부터 했습니다.

한 번이라도 싫은 소리를 한 적이 없었습니다.

"어이구, 조심하지. 원, 손을 안 다쳤으니 다행이지……."

매번 저부터 걱정을 했습니다. 지금 생각해도 참 좋으신 어머니라는 생각이 듭니다. 깨진 그릇에 대한 아까움보다도 제가 더 소중하다는 것이었습니다. 그렇게 생각하기가 참 쉽지 않은데 말입니다.

이러니 제가 어머니와 얼마나 허물없이 지냈는지 짐작을 하시겠지요. 제가 시골에서 중학교를 마치고 여고 시절부터 대구에서 생활했기 때문에 엄마에 대한 그리움이 많았는가 봅니다. 어머니를 통해서 저는 못다 받은 엄마의 정을 듬뿍 받으며 살았습니다.

  신혼여행을 갔을 때, 어머니가 오셔서 혼자 집을 지키셨고, 별다른 합의나 의논도 없이 자연스럽게 우리는 함께 한 가족으로 살게 되었습니다. 참 이상하다고 생각되지요? 대개 시어머니는 신혼여행에서 돌아오면 시골로 내려가시려고 그러셨을 텐데 이상하게도 저는 어머니가 집에 있어주기를 바랬으니까요. 그때부터 저는 어머니의 사랑을 듬뿍 받을 준비를 하고 있었는지도 모르겠습니다. 어머니와 저와의 만남은 하늘이 맺어준 운명이었던 것 같습니다.

  치아를 새로 할 때 잇몸에 맞도록 이리저리 높이를 맞추기 위해서는 오랜 시간 치료와 교정의 시간을 거쳐 잇몸이 건강해졌을 때에서야 비로소 새 치아를 심게 됩니다. 어서 빨리 치아를 심는 것이 만사가 아니듯이 우리의 가정도 시간을 두고서 잘못된 것을 고쳐가며 사는 것이 지혜겠지요. 썩은 것은 뽑아내고 부서진 것은 때우듯이 처음부터 잘 하는 것만은 아닌 듯합니다. 틀니도 처음에는 어색하고 자리를 잡지 않아 잇몸이 아프기도 하지만 점점 시간이 지남에 따라 자리를 잡아서 결국에는 예전의 치아와 같은 역할을 합니다. 이빨이 없으면 잇몸으로 산다는 말은 요즘엔 전혀 어울리지 않습니다. 음식물을 씹지 않고 삼키게 되면 다음에는 위장이 탈이 나는 법이지요.

남들은 간혹 저와 어머니의 사이를 두고서 딸이냐고 묻기도 합니다. 그럴 때마다 애써 며느리라고 밝히기도 하지만 딸인 줄로 알았다는 말이 참 듣기가 좋았습니다. 살아가면서 자식의 아내가 된 며느리는 딸이나 마찬가지라고 생각합니다. 굳이 애써 며느리와 딸로 구분하지 않았으면 하는 생각입니다.

저는 지금까지 어머니와 아무런 불편함이 없이 살았습니다. 시집을 올 때부터 저는 친정 엄마로 착각하며 살았습니다. 그것이 참 잘한 일이라고 생각합니다. 제가 신혼 초에 기관지 천식으로 지독한 병을 앓을 때에 어머니가 제게 보여주신 정성을 보면서 친정 엄마보다도 더 지극한 사랑이라고 느꼈습니다. 그때부터 저도 모르게 어머니라고 부르게 되었는지 모르겠습니다. 치아를 새로 하고 나서 몇 년이 지나고 나면 주인은 새 치아와 헌 치아와의 구분을 잊어버리고 살듯이 시집을 간 딸이나 시집을 온 딸이나 그게 그것이 아닌가 하는 생각입니다.

동창들과의 모임에서 가끔 튀어나오는 고부간의 갈등에 대해 이야기할 때면 친구들은 저보고 빠지라고 말을 합니다.

"넌 예외니까 입도 뻥긋하지 마. 우리는 안 그렇거든!"

으름장을 놓고선 자기들이 겪는 고부간의 헝클어진 실타래를 풀어내곤 합니다. 자기 얼굴에 침을 뱉는 격이라고 하면서도 우리는 고부간의 갈등을 열심히 씹는 것으로 만족하려고 합니다. 말하기가 참 조심스러운 부분이지만, 갈등의 원인이 자기가 먼저 사랑을 받으려는 이기심에서부터 갈등이 시작되는 것이 아닌가 하는 생각을 하게 됩니다. 내가 먼저 손을 내밀면 상대방도 마지못해서라도 손을 내밀게 되지 않을까 하는 생각입니다. 손을 맞잡으면 서로의 온기가 통해서 상대방을 이해하게 되리라 생각합니다.

　행복한 저는 어머니가 먼저 손을 내미셨습니다. 죽을 것만 같은 고통 속에서 멀리 떨어져 있는 친정 엄마를 떠올렸지만 제게 다가올 수 없었습니다. 그 자리에 어머니가 대신 오셔서 제 손을 잡아주었습니다. 일생 중에서 아마도 가장 고통스러웠던 순간에 당신이 저의 손을 붙잡고서 일어나라고 채근을 하셨습니다. 저는 지금까지 가슴에 잔못이 박히거나, 작은 가시조차 찔리지 않고 살았습니다. 요즘 유행하는 수제가구는 못을 사용하지 않고 오목과 볼록의 조화로 묵직한 짐을 거뜬하게 지탱하는 것처럼 우리 고부간에도 서로의 장단점을 잘 이해하려고 애썼던 것 같습니다. 눈에 보이지는 않아도 마음으로 서로에게 보탬이 되도록 노력했던 것 같습니다. 지금은 더 무거운 짐을 올려놓아도 저는 버틸 수 있을 것만 같습니다.

　엄마와 어머니는 유난히 정이 두터웠습니다. 신혼 초엔 친정 엄마가 다소 조심스레 대하다가 어머니의 성품에 녹아 나중에는 친구처럼 지낼 정도였습니다. 그러던 엄마가 어느 해 초여름 먼저 천국으로 가시고 나자 어머니도 시름시름 앓기 시작했습니다. 마음의 벗을 잃어버린 탓이었습니다. 열흘 정도 몸을 추스른 후에 죽을 드시던 어머니가 불쑥 말을 꺼냈습니다.

　"니가 이제 내 딸인기라. 사돈이 나보고 니들 오래 돌봐주라고 신신

당부하시더라……."

 그 말을 듣는 순간, 저는 어머니 앞섶에 풀썩 엎드려 울고 싶었습니다. 친정 엄마와 그런 말을 나눴다는 것을 듣고서 연줄이 끊어진 연처럼 어머니의 가슴속으로 뛰어드는 수밖에 없었습니다. 어머니라는 이름이 그렇게 소중하게 다가온 적이 없었습니다.

 방학만 되면 사돈이 오기를 기다리던 어머니는 친정 엄마가 돌아가시고 나서 여름과 겨울 방학을 쓸쓸하게 보내게 되었습니다. 가끔 일하고 있는 나를 물끄러미 바라보시는 그 눈빛에서 쓸쓸함과 저에 대한 애틋함을 동시에 읽는 듯했습니다. 가끔, 제 앞에서 눈시울을 적실 때도 있었습니다. 그러면 저는 속으로 엄마하고 조용히 불러봅니다.

 친정 엄마의 바람대로 저는 어머니에게서 고추장 담그는 법과 물김치를 담그는 것을 배웠습니다. 지금까지 혼자서 해 본 적은 없고, 그저 어머니 옆에서 잔심부름을 하면서 돕는 거지만 몇 해를 그렇게 익히고 나니 이제는 어머니가 철원으로 가시더라도 혼자서 잘 담글 수 있을 것만 같습니다.

 어쩌면 어머니는 방학이 되어도 찾아오지 못한 엄마를 기다리기 싫어서 철원으로 가셨는지도 모르겠습니다. 사돈을, 오랜 친구를 기다리듯이 그렇게 기다리며 살다가 더 이상 친구가 오지 않을 것을 알고서 고향으로 내려가신 것인지도 모르지요. 그곳에 가면 어릴 적에 같이 놀던 친구들이 있으니까요. 어머니의 그 기다림마저 차곡차곡 접어서 제 기억 속에 오래오래 소중히 넣어두려고 합니다.

# 어머니의 삶과 내 삶의 빛깔

신혼 때의 일입니다.

기관지 천식으로 인해 1년 동안 고생하다가 임신한 저는 처음부터 심한 입덧을 했습니다. 기관지 천식이 잦아들자 또 다른 고통이 시작되었습니다. 무슨 냄새가 그리도 고약한지, 모든 냄새를 일일이 다 구별해낼 정도였습니다. 사람에게서 나는 냄새도 다 제각각이었습니다. 그 정도로 후각이 예민해졌습니다.

그중에서 가장 견딜 수 없는 것은 밥이 끓는 냄새였습니다. 전기밥솥에서 김이 뭉실뭉실 올라옴과 동시에 헛구역질이 시작되면서 위와 가슴으로 통증이 몰아쳤습니다. 기진맥진해 있으면서 그저 어머니의 눈치만 살폈습니다. 그런 나를 못마땅해하지 않고, 오히려 측은한 마음으로 저를 바라보고 계셨습니다.

어느 날 아침입니다.

방 안에서 쿵쿵거리며 밥 냄새를 맡다가 방문을 비식 열었을 때, 어머니는 부엌문과 거실문을 다 열어젖히고서 연신 부채질을 하고 계셨습니다. 부엌의 밥 짓는 냄새를 부채질로 쫓아내고 있었던 것입니다. 저를 보자 당황하셨던 어머니는 얼른 제 방문을 닫았었습니다. 그때의 그 모습을 보고서 울컥, 하는 마음이었습니다. 그렇게 어머니는 저와 친해지려고 애를 쓰셨습니다. 보이지 않는 곳에서 날마다 저를 위해 기도하듯이 애를 쓰신 것입니다.

어머니의 삶에는 꾹꾹 눌러 쓴 오래된 편지 같은 감동이 묻어 있습니다. 편지를 읽을 때마다 가슴을 저리게 하는 사연이 담겨 있습니다. 어머니는 저에게 첫 번째 감동의 편지를 제 가슴속으로 보내주었던 것입니다. 저는 어머니에게 아직까지도 답장을 못 쓰고 있는 며느리일 뿐입니다. 그저 잔잔하게 웃기만 하고서 어머니를 쳐다보는 것으로 대신하고 맙니다. 그 모습에서 저는 평생 어머니의 깊은 사랑을 잊지 않아야겠다고 다짐을 했드랬습니다. 친정 엄마에게서도 보지 못했던 사랑이었습니다.

어머니는 며느리를 위해, 처음 태어날 손주를 위해 아침 일찍 말없이 부엌으로 나가셔서 밥을 짓고, 혹시라도 제가 깰까 봐 발뒤꿈치를 들어 까치발로 걸어가시는 그 발자국 소리를 들으며 저는 얼마나 죄스러웠는지 모릅니다. 차라리 성큼성큼 걸어서 보란 듯이 걸어가셨으면 제 마음이 더 편했을지도 모르겠습니다. 연세 많으신 노인이 까치발을 들고 조심스레 걷는다는 것이 또 다른 감동으로 다가왔습니다.

지금 이 글을 쓰면서 다시 어머니의 사랑이 느껴져 그냥 눈물이 주르륵 흘러내립니다. 입가엔 미소를 지어보지만 이윽고 물기가 번져 내립니다. 제 가슴속에는 영원히 어머니가 부채질을 하시던 그 모습이 남아 있을 것입니다.

'어머니. 그때 제가 불쑥 방문을 열어서 많이 놀라셨지요?'

지금 저는 조그맣게 소리 내어 말을 꺼내 봅니다. 그동안 제가 미처 눈치채지 못했던 수많은 배려가 얼마나 많았을까요. 저는 일일이 다 기억할 수 없어요. 우선 눈에 보인 것만 추려서 어머니의 모습을 그리려고 합니다.

어머니는 자식들도 그렇게 키우셨을 것입니다. 매 순간을 눈에 넣은 채로 산속으로 포탄 껍데기를 주우러 다니셨을 테고요. 어둠이 내리기 시작하면 산에서 허둥지둥 내려와 자식들을 위해 밥을 지어야겠다는 일념으로 발길을 서둘렀겠지요.

저나 남편은 어머니께서 막상 철원으로 떠나시고 난 뒤에서야 어머니의 사랑이 밀물처럼 차오르기 시작합니다. 함께 살면서 아무것도 모르고 지낸 것들이 수두룩하겠지만, 저는 어머니에게 처음부터 끝까지 감사하다는 말밖엔 할 것이 없습니다.

떠난 자리에 비로소 사랑이 고이는 것일까요. 진작에 알았더라면 어머니에게 더 잘할 수 있었을 것을 말이에요. 어느 날 철원에 다니시러 갔다가 오겠노라는 말을 철석같이 믿었다가 그곳에 눌러앉으실 줄은 미처 몰랐었지요.

저는 지금도 철원에 한 서너 달 계셨다가 니들이 보고 싶어서 왔다면서 집으로 들어서실 것만 같은 착각에 빠져듭니다. 막상 주소를 옮겼지만, 대구로 다니시러 오는 데야 주소가 무슨 상관이 있겠어요.

어머니가 계셔서 이야깃거리가 참 많았고, 저녁이면 피곤한 저에게 낮 동안에 있었던 이야기를 조근조근 들려주시던 어머니가 없으니 저는 멍한 상태로 어둠이 내린 창밖을 바라볼 때가 많습니다.

날이 어두워지면 밖으로 나갔던 아이를 기다리는 엄마가 아니라, 제가 마을 나갔다가 돌아오시는 어머니를 맞아들이고 싶은 심정인걸요. 어머니는 마을에 갔다가 얻어들은 이야기를 마음껏 해주면서 거실의 분위기를 한껏 돋우시고는 방으로 들어가 주무시겠지요.

"일찍 잘란다. 니들도 일찍 자라."

밤늦도록 이야기를 하시고 나서도 어머니는 항상 일찍 자라고 말씀을 하십니다. 그 말뜻은 건강을 챙기라는 또 다른 뜻이겠지요.

그동안 철부지에 불과했던 제가 어른을 공경하는 것을 배웠고, 제 마음대로 하고 싶은 것을 절제하고 가다듬으며 살 수 있도록 훈련을 시키셨습니다. 아이들도 할머니를 닮아가는 것이 참 대견했습니다. 어른과 함께 살아야 제 기분대로 말을 함부로 내뱉지 않는다는 것을 알았습니다.

처음 부부가 되어 이것저것 의견이 맞지 않았을 때도 어머니는 조용히 옆에서 보고만 계셨습니다. 둘 다 선생이었으므로 논쟁을 장난삼아 하던 그 시절이 참 부끄럽습니다. 그러나 어머니가 계셔서 우리는 숨을 죽일 수밖에 없었습니다. 저도 아이들에게 참고 인내하면서 지켜보는 것이 어미의 도리라는 것을 알았습니다.

입덧으로 인해 어머니의 속마음을 알고부터 저는 조금씩 변해 갔습니다. 어머니가 꾹꾹 눌러 싸준 도시락을 말끔히 비워서 오면 어머니는 매우 흡족해하셨습니다. 저도 태아를 위해 밥을 억지로라도 먹으려고 애썼지만 한 순간에 먹었던 것을 다 토해내 버리고서 빈 도시락을 어머니에게 내밀었던 것입니다.

"그래. 잘했다. 밥을 먹을 때는 냄새를 맡지 말고 그냥 꿀꺽 삼켜 버려라. 그게 최고다."

그 말을 해주시며 활짝 웃었습니다.

영화 〈행복을 찾아서〉의 크리스 부자의 연속되는 절망과 끊임없는 좌절, 절대적인 포기 앞에서 두 눈을 감고 타임머신을 타던 아버지와 아들의 표정이 떠오릅니다. 잠잘 곳이 없어 기차역이 공룡의 세계라고 생각하며 장난치면서 화장실에서 잠을 자야 했던 그 절망 속에서도 두 부자가 꼭 잡은 손을 놓지 않고 있던 모습이 떠오릅니다.

우리의 삶도 어떤 난관이 닥치더라도 손을 꼭 잡는 것만큼 중요한 것은 없다는 생각을 하게 되었습니다. 우리 가족은 서로 배려라는 손을 잡고서 이 세상을 끝까지 걸어가 보려고 합니다.

어머니, 아무리 어려워도 어머니의 손은 절대로 놓지 않겠어요. 저 하늘에서도 영원히 저희들을 지켜봐 주세요. 우스꽝스러운 저를 보면서 활짝 웃어 보세요.

어머니, 힘들어요

21평 아파트를 처음 장만하여 이사하고서 종원이를 키울 때의 일입니다. 학교에서 퇴근해 아이 키우고 집안일을 하는 것이 제게는 힘이 들었습니다. 집에 와서는 누워서 쉬고 싶지만, 집에서 아이 보느라 힘드신 어머니를 대신하여 아이를 돌보면서 청소와 저녁 준비를 하고 나면 몸이 천근만근이었습니다. 제게는 두 가지 일을 한다는 것이 여간 어려운 일이 아니었습니다.

어머니는 제가 결혼할 때 일흔두 살이셨고, 일흔네 살 때부터 종원이를 키우셨습니다.

"어머니, 우리도 파출부 아줌마를 일주일에 두 번 정도만 쓰면 안 될까요?"

"내가 집에 있는데 뭐 할라고?"

"어머니는 종원이를 보시느라 힘드시잖아요. 집 안 청소며 빨래를 해 주는 것만 해도 한결 쉽잖아요."

"됐다. 내가 집안일을 조금씩 하면 되지. 별소리 다 한다."

"어머니도 쉬셔야 하고, 저도 일주일에 한두 번은 쉬고 싶어서요."

"그만 됐다. 이 집안에 청소할 게 뭐가 있다고? 빨래는 세탁기가 하고, 밥은 밥솥이 하고, 땔나무 할 일이 있나. 부엌에 군불을 넣을 일이 있나."

저는 힘들 때마다 드문드문 그런 말씀을 드려도 어머니는 단칼에 거절을 하셨습니다. 그때는 저도 모르게 약간 야속하다는 생각이 들었습니다.

예전에 친정 엄마가 오빠의 손주를 돌볼 적에는 가끔 파출부가 와서 집안일을 도와주니까 친정 엄마와 올케가 한결 짐을 더는 것을 보았기 때문입니다. 그 생각이 나서 어렵사리 말을 꺼냈던 것인데 어머니는 단번에 거절을 하셨습니다.

어머니가 종원이를 돌보는 틈틈이 집안일을 조금씩 해주셨지만, 사실 어른이 하는 정리가 젊은이와 다르지 않습니까? 한두 번도 아니고 종원이가 한참 클 때까지 몇 번이나 말을 꺼냈지만 한결같이 저의 부탁을 들어주지 않았습니다. 제가 지쳐 몸이 아팠을 때에야 남편이 나서서 저를 지원하기 시작했습니다.

"어머니, 파출부를 일주일에 두어 번만 쓰면 어머니도 수월하시고 에미가 덜 피곤할 것 같아요."

"됐다. 내가 하마. 그러면 그 돈은 다 어디서 나오니?"

"어머니, 돈 걱정은 마세요. 우리 둘이 벌잖아요?"
"너희들이 고생한 돈을 허투루 쓸 수 있냐."

어머니의 내심은 돈 걱정이 먼저 앞섰던 것입니다. 아들 내외가 돈을 버느라 매일 출근을 하는 모습을 보면서 당신은 혼자 집에 남아서 종원이를 돌보면서 집안 살림을 도와주겠다는 생각이었습니다. 그 정도 일은 충분히 할 수 있으니 염려 말라는 것입니다. 당신이 조금만 수고하면 아들 내외가 빨리 일어설 수 있을 거라는 믿음을 갖고 계셨습니다.

우리는 어머니의 그런 뜻을 알고서 조금 힘들더라도 다시는 그 말을 하지 않기로 약속했습니다. 대신 우리가 일을 나누어 함께 집안일을 하기로 약속했습니다.

그러나 저는 한동안 파출부에 대한 미련을 쉽게 떨쳐버리지 못했습니다. 친구들의 말을 들어보면 잠깐씩만 파출부를 써도 집안이 깨끗해진다는 말을 들었기 때문입니다.

이제 둘이 버는 것으로 어느 정도 마음의 여유를 가졌으면 하는 제 바람이었습니다. 진정한 쉼을 얻는 게 돈을 쓰는 것보다는 훨씬 더 경제적인 이점이 있다고 생각이 되었지요. 일주일 내내 학교에서 일하다가 주일날에는 교회에 있다가 돌아오면 월요일에 출근해서는 몸이 무겁다는 것을 종종 느낄 때였습니다. 더구나 제가 갖고 있는 기관지천식이 몸이 피곤할 때면 더 자주 찾아온다는 것을 알고 있었습니다. 마음의 여유뿐만 아니라, 몸의 여유도 좀 챙기려는 저의 생각이었습니다.

그렇다고 제 한 몸 편하자고 계속해서 말을 꺼내서 어머니의 마음을 불편하게 할 수는 없었습니다. 어지간한 일에는 흔쾌히 그러마 라고 승낙을 하시는 어머니가 그 일만은 절대로 양보하지 않을 것만 같았습니다. 아마도 제 생각엔 유독 파출부를 쓰는 것에 대해서만은 안 되는 이유가 있었을 것 같습니다. 어머니만의 표현하지 못하는 그 어떤 이유가 있을 것 같은 기분이 들어 집안은 어지러웠지만 참기로 했습니다. 마음에서부터 깔끔함에 대한 미련을 싹 비우기로 했습니다.

함께 살면서 제가 느낀 것이라면 서로 마음의 벽을 쌓거나, 거리를 두는 것보다 차라리 집안이 어지러운 쪽을 택하는 것이 현명하다는 것입니다.

괜히 어머니가 허락해 주지 않는 일을 억지를 부려서 관계가 깨지는 것보다 제가 편안함을 포기하고서 사는 것이 백번 낫겠다는 생각을 가졌습니다. 좀 더 부지런하게 움직이면 그것도 극복할 수 있는 일이라고 생각하면서 말이지요. 몸은 피곤했지만, 우리를 생각해주는 어머니의 마음을 더 존중하기로 했습니다. 어머니의 논리도 타당한 면이 있었습니다.

사람은 한 번 게을러지면 타성이 되어서 계속 게을러지는 법이라고 말이지요.

바꾸어 생각해 보면 제가 깔끔하게 정리도 잘하지 못하면서, 반대로 시어머니가 너무 깔끔해서 제 살림살이를 일일이 간섭하는 것보다

야 훨씬 나은 일이라고 생각하니 차라리 마음이 편했습니다. 또한, 어머니는 평생을 농촌에서만 사시다 보니 정리에 대한 개념 자체가 우리와 달랐으며, 청결에 대해서도 도시인들처럼 그리 심각하게 생각하지 않으셨습니다.

　어쩌면 어머니는 오붓하게 살고 있는 지금의 생활에 이방인이 찾아와서 부엌과 방들을 청소하고 그릇들을 씻어주고 빨래를 해주는 것이 마뜩찮았던 모양입니다. 어른의 생각에는 그렇게 여길 수도 있는 일이니까요. 조그만 행복, 이 작은 행복의 틈서리에 낯선 사람을 들이지 않으려는 생각을 갖고 계셨으리라 여겨집니다.

　여기서 제가 배울 수 있었던 것은 '다름'에 대한 긍정적인 해석입니다. 어머니와 저는 태어난 환경과 자란 환경이 다르고, 보고 듣고 느끼는 것에서 많은 차이점이 있었습니다. 어른의 입장에서 보면 파출부란 아주 부잣집에서나 사람을 불러 일을 시키는 것으로 인식이 되어 있었을 것입니다.

　직장 생활을 하면서 아이를 키우는 엄마들은 육체적인 피곤뿐만 아니라 마음의 묵직한 짐들을 항상 이고서 사는 셈이지요. 마음의 여유가 없어진다는 뜻이지요. 쉽게 내려놓을 수 없는 마음의 짐 같은 것이었습니다.

　마음의 짐은 저울에 달아 무게를 잴 수도 없습니다. 제 의견을 받아주지 않음에 대한 원망의 싹이 마음속에서 계속 자랐더라면, 우리의 고부 관계는 참으로 힘들었을 것입니다.

그러나 아끼면서 돈을 모아야 한다는 어머니의 가치관은 오랜 생활에서 터득한 삶의 지혜였습니다. 한국인이 밥과 김치에 자연스럽게 길들여졌듯이 우리 부모님 세대는 헌 것을 기워서 입으며, 떨어진 곳을 붙여서 입었을 세대입니다. 먹고 싶은 것을 참아가며 냉수를 마시면서 배를 채웠을 때이기도 하지요. 오로지 자식들의 뒷바라지를 위해 안 먹고 안 쓰고 안 입으면서까지 돈을 모아야 했을 것입니다. 더구나 어머니는 생명이 위험한 포탄 껍데기를 주우러 산속을 다니셨던 분이셨습니다.

근검절약 정신으로 똘똘 뭉쳐진 그 세대들에게 젊은 우리가 훈계할 수는 없는 일입니다. 그분들의 삶이 있었기에 오늘의 자식들이 존재하는 것이지요. 우리 세대는 돈을 버는 것도 중요하지만, 충전을 위한 휴식도 중요하다고 여기는 생각이 강한 편이지요. 입맛을 하루아침에 바꿀 수 없듯이 가치관은 쉽게 바뀌는 것이 아니었습니다.

그때 우리가 선택한 건 두 가지였습니다.

첫째, 지저분한 것에 관대해지자는 것이었습니다. 이것은 저와 남편의 약속이었습니다. 집안이 지저분한 것은 여자의 몫이라는 생각을 비우자고 말했습니다. 남편도 저의 생각에 동조를 했습니다. 깨끗함의 갈등에서 오는 그 기준점을 낮추기로 한 것이었습니다.

둘째, 각자의 삶에서 좀 더 정리하면서 사는 생활로 덜 어지럽히면서 더 부지런해지자는 약속을 했습니다. 집안을 깨끗하게 사용하기로 한 것입니다.

어른인 어머니의 결정이 우리 가정을 위한 것임을 우리가 아는 까닭에 묵묵히 순종했습니다. 어느 날, 여고 동창생들이 우리 집을 방문했을 때에 집안이 한창 어지러울 시간이었는데 그 친구들의 눈동자에 어린 표정을 아직도 잊을 수가 없습니다.

'와, 이런 곳에서 어떻게 살아?'

'둘 다 선생이라며 이렇게 해놓고 사니?'

딱 그런 표정들이었습니다. 그 표정을 읽고서 내가 눈치챈 듯하자, 친구들은 서둘러 그러한 표정을 애써 감추려고 했지만 저의 마음은 아픈 생채기를 건드린 것만 같아 우울했습니다. 그 일이 있고부터는 일체 친구들을 집으로 데려오지 않게 되었습니다.

퇴근하면 어지러워진 집안을 청소하면서 동창생들이 보냈던 그 눈길과 표정을 자꾸 의식하게 됩니다. 대충 집안 정리를 해놓고서 저녁을 준비하던 그 시절은 세수하고 잠자리에 들 때까지 늘 긴장의 연속이었습니다. 분주한 손길 그리고 손보다 마음이 더 급했던 날들이었습니다. 왜냐하면 청소가 늦어지거나 저녁 식사 시간이 늦어지거나 어느 한쪽이 늦어지면 그 다음 일이 미뤄져서 잠이 부족하게 되었기 때문입니다. 어린 종원이를 목욕시키고 옷을 갈아입히고 나면 저는 초주검이 될 정도였습니다. 그렇다고 남편에게나 어머니에게 내색을 하지도 못할 형편이었습니다.

시간이 지나고 종원이가 좀 더 자라면서 더 넓은 집으로 이사를 하고 나니까 집안은 자연스럽게 정리가 되는 듯했습니다.

이를 통해서 볼 때, 지금의 갈등은 훗날 시간이 지나고 나면 아무것도 아닐 때가 있다는 것입니다. 우리의 삶에서 갈등은 일정한 시간대에 일정한 사건과 맞물려서 일어난다는 생각이 들었습니다. 그 당시에 집안이 어지러운 것에 제가 너무 집착을 해서 어머니의 결정을 어겼더라면 계속해서 마음의 앙금을 가지고 살았을 것입니다. 만약 그렇게 했더라면 제 마음이 참 불편했을 것 같습니다. 결혼할 때 아무것도 해준 것이 없어서 늘 미안해하던 어머니의 속마음을 아는 저로서는 어머니를 끝까지 믿었던 것이 참으로 다행스런 일이었습니다. 그런 까닭에 우리가 절약할 수 있었던 것에 감사드립니다.

  대신 평생 주고서도, 내 몸을 다 살라주었어도 그래도 못다 해준 것처럼 마냥 미안해하시던 어머니의 마음을 긁지 않았던 것이 참으로 다행입니다. 어머니의 끊임없이 내어줌의 사랑을 그때는 몰랐지만 그때 어머니의 헌신을 믿었던 것은 참 잘한 일이었습니다.

  어머니에게 배운 것은 너무나 많아서 한 줄씩 써나갈 때마다 반짝이는 보석으로 남습니다.

  아침에 물을 한 동이 가득 퍼내어 가도, 어느 결에 채워져 있는 이 땅의 우리 어머니들은 절대로 마르지 않는 샘물입니다. 그 맑은 물에서 우리는 시원한 사랑의 물을 시도 때도 없이 퍼마시면서도 가끔 불평을 늘어놓습니다. 그러나 어머니의 고단한 삶을 읽는다면 한순간에 다 녹아버릴 이런 사랑이 숨어 있었다는 것을 훗날에서야 알았습니다.

아범아, 들어가거라

 남편들이 부인을 도와 설거지하는 것이 한창 유행처럼 번졌던 때가 있었습니다. 지금은 시대의 흐름에 따라 자연스러운 현상이지만 그때는 유학을 다녀오거나, 의식 있는 몇몇 가정에서만 그런 일이 있었드랬습니다.
 저는 신혼 초부터 어머니와 함께 살면서 그런 재미를 느껴보지 못했습니다. 그러던 어느 수요일 저녁, 어머니가 교회가 가시고 안 계실 때였습니다.
 "여보, 어머니 안 계시니까 당신이 설거지하세요."
 "그러지 뭐."
 어머니는 알지 못했지만 수요일 저녁은 남편이 설거지를 하는 날이 되었습니다. 그러던 것이 습관이 되어서 어느 날엔가 어머니가 계시는데도 저도 모르게 이렇게 말했습니다.

"여보, 설거지 좀 해주세요."
"응. 알았어."
남편이 한참 설거지를 하는데 어머니가 슬그머니 옆으로 갑니다.
"아범아, 그만 들어가거라. 내가 하마."
아차 하고 당황한 남편은 궁색한 변명을 합니다.
"어머니, 요즘은 남자들도 설거지를 많이 해요. 괜찮아요."
"됐다. 내가 심심해서 그런다. 피곤할 텐데 가서 쉬어라."
그날 이후로 남편의 설거지는 막을 내리게 되었습니다. 아들이 설거지하는 모습을 지켜본 어머니의 마음이 편치 않았던가 봅니다. 제가 해달라고 주문해서 하는 일이라 어머니도 섣불리 제지하지 못하고 지켜보고만 있다가 안 되겠다 싶어 일어선 것입니다.

인내심을 견디지 못하고 결국은 조심스레 일어나 남편의 손에서 고무장갑을 빼앗으시던 어머니, 아들을 나무라는 듯이 장갑을 벗겨서 자신의 손에 끼고서 설거지를 하셨습니다. 고정관념이라는 것이 그렇게 무서운 것이었습니다.

어른들은 젊은 세대들의 생각을 이해하지 못하는 경우가 더러 있습니다. 과거의 굳어진 관습과 현대의 삶을 동시에 살아야 하는 어머니로서는 당황스러웠겠지요. 어머니의 표정에서는 가끔 말 못할 걱정을 가지신 듯 현대의 급작스런 변화를 걱정스러운 눈길로 바라보실 때가 있었습니다. 이후로 어머니는 행여나 아들이 먼저 설거지를 하기라도 할까 봐 얼른 일어나서 설거지를 하시기도 했습니다.

현대의 거대한 변화의 물결에도 아랑곳하지 않고, 어머니는 평생 아들을 새로운 변화의 바람에 휘둘리지 않도록 널따란 치마폭으로 감싸 안았습니다. 텔레비전에서 설거지를 하고, 집안일 하는 장면을 보면 난감한 표정을 짓기도 했습니다.

"참 걱정이야. 요즘은 이상한 세상이야."

라며 여자가 남자를 떠받들지 않는 세상을 걱정스러운 듯이 말했습니다. 옆에서 지켜봐야 했던 저는 그 생각을 한꺼번에 바꿀 수도 없었고, 바꿀 엄두도 내지 못하였습니다. 참으로 온유하신 성품이시기 때문에 제가 함부로 말씀을 드릴 수가 없었습니다.

물건을 은근슬쩍 끼워 파는 장사꾼처럼 같이 앉아서 텔레비전을 보면서 요즘은 저렇게 사는 이들이 많다고 알려주는 정도일 뿐입니다. 한 세대의 문화를 바꾸는 것도 힘들지만 사고방식을 바꾼다는 것은 입맛을 길들이는 일보다 더 어려운 일이었습니다.

함께 살면서 제가 터득한 것은 '한 번 굳어진 생각은 절대로 변하지 않는다'입니다. 다만 그것을 인정하고 마지못해 받아들이는 척할 뿐이라는 결론을 내렸습니다. 그러고선 어머니의 견고한 사고방식을 제가 받아들이는 수밖에 없다고 생각했습니다.

남자가 부엌일을 하면 안 된다는 생각은 90년 동안의 세월을 살아오면서 몸으로 익힌 견고한 사고방식이었습니다. 그것을 어떻게 한순간에 바꿀 수 있겠습니까? 차라리 어머니 세대의 삶을 고스란히 이해하면서 받아들이는 쪽이 더 낫다고 생각했습니다. 어머니는 저의 사고방식을 얼마나 받아들였는지 모르겠습니다.

　공휴일만 되면 아침밥도 하지 않은 채로 늦잠을 자는 저에게 한 번도 꾸중을 하지 않으시고, 조용히 밖에 나가서 곤히 자는 아들 내외의 단잠을 깨우지 않으려고 애를 쓰셨지요. 그럴 때는 어머니의 발꿈치도 항상 들려져 있습니다. 사박사박 소리 없이 걸으면서 부엌일을 하십니다.

　어떤 날은 아침밥 한 숟갈을 드시고서 밖으로 나가서 우리가 푹 쉬도록 해주셨습니다. 안쓰러운 아들과 저를 위한 배려였습니다. 어머니의 삶에는 옛날부터 고여 있는 사람됨의 도리와 배려라는 묵언이 깊이 새겨져 있는 듯했습니다. 아무리 퍼내어도 마르지 않는 '배려'의 샘물이 가득 고여 있었습니다. 늘 상대방의 입장에서 생각해 본다는 것. 그것이야말로 배려라고 할 수 있겠지요.

　보통 본인이 힘들게 살면 상대방에게도 그대로 요구하는 편인데, 어찌 된 셈인지 어머니는 본인이 힘들게 사시면서도 정작 남들에게는 그것을 대물림하지 않게 하려고 하셨습니다. 좋은 것은 대물림하고, 나쁜 것은 단번에 끊어버리려는 단호함이었습니다.

　끊임없이 나눠주고도 그것도 모자라서 안타까움에 목말라 하면서 목을 빼는 이 땅의 어머니들이 가진 공통분모였습니다. 자나 깨나 불조심이라는 표어와도 같이 어머니들은 늘 자식 걱정을 가슴에 묻어놓고 사는 분들이었습니다. 처음엔 저도 어머니처럼 끊임없이 나눠주며 사는 배려를 베풀며 살 수 있을까 하는 걱정을 했던 적이 있습니다. 어머니는 의지적으로 끊을 건 끊고, 상대를 배려해야 할 것은 배려하는 그러한 따뜻함을 갖고 계셨습니다.

교육의 가장 좋은 모델은 삶에서 온몸으로 배운 것이라고 합니다. 그런 점에서 저는 이 세상에서 가장 좋은 시어머니 밑에서 교육을 받은 셈입니다. 가장 좋은 모델을 옆에 두고서 24년 동안이나 함께 먹고 자랐으니 저보다 더 좋은 교육 환경을 가진 이는 아마 드물 것입니다.

어머니와 살면서 속으로 '우와!' 하며 놀랐던 일들이 한두 번이 아니었습니다. 강원도 깡촌 시골에서 평생을 사신 어른에게서 그러한 삶의 지혜가 있었을 줄은 미처 몰랐던 것입니다. 사소하고 자그마한 것까지 다 말하려면 한도 끝도 없을 것입니다. 마치 남녀가 연애할 때에 식사를 마치고 구두를 신으려고 했을 때 남자가 달려가 여자의 구두를 가지런히 꺼내놓아 여자가 구두를 신기 쉽도록 배려를 해 주는 것과도 같습니다. 그것은 남녀 간의 사랑이 없으면 절대로 하지 못하는 행동이기도 합니다.

건망증이 심한 제가 기억을 되살려 여기다 다 기록하려면 책 다섯 권의 분량은 나올 법합니다. 어머니와 조곤조곤 나누었던 말들까지, 그 숨소리까지, 온화한 표정까지 다 그려내려면 저는 몇 년 동안 밤을 지새우며 원고지에 그려 넣어야 할 것입니다. 날마다 새로운 것을 하나씩 배운다는 마음으로 당신을 지켜보았습니다. 평범한 일상 속에서도 반짝이는 보석처럼 날렵하게 꺼내시는 어머니의 단순한 삶의 철학들. 어머니는 그것이 일상에서 얻은 단순함이었지만 저에게는 귀하고 소중한 것들이었습니다.

　빈 터에다 무심코 뿌려놓은 씨앗들이 어느 날 푸른 잎사귀를 달고 쑥쑥 자라고 있는 것을 보는 것처럼 내 삶의 9할은 어머니 등 너머에서 배운 것들입니다. 제가 잘하는 일은 아이들을 가르치는 일밖엔 없습니다. 아이들을 가르치다가도 저는 부족한 점이 있습니다. 잘못한 학생들 지적하다가 아이의 행동이 불손하면 인내심을 발휘하지 못하고 버럭 화를 낸 적도 있었습니다. 그럴 때마다 문득 어머니를 떠올립니다.

　'모든 것에는 기다림의 법칙이 있다.'

　어머니는 늘 제게 그러시는 것 같았습니다. 생활의 지혜나 삶의 지혜는 한순간에 뚝딱 책에서 얻을 수 있는 것이 아니라, 천천히 느리게 몸으로 익혀 나가는 것이라는 교훈이었습니다.

　어머니가 철원 큰 형님 댁으로 가시고 난 뒤부터 앓기 시작한 저의 공허감은 삶의 선생을 잃어버렸다는 막연한 두려움이었습니다. 앞으로 모든 일을 나 혼자서 해결해 나가야 한다고 생각하니 바위가 묵직하게 내려앉아 있는 것 같은 그런 기분이었습니다. 거실에 혼자 있을 때는 저도 모르게 텅 빈 어머니의 자리를 자꾸 보게 됩니다. 소파에 앉기보다는 늘 바닥에 앉는 것을 좋아하셨던 것처럼 저도 바닥에 앉는 연습을 합니다.

　마늘을 깔 때나 채소를 다듬거나 시장에 사온 과일의 흠집을 칼로 도려낼 때나 어머니는 늘 바닥에 편하게 앉아 다듬으셨지요. 그러다가 손주가 소파에 앉아서 말을 걸면 손주를 올려다보며 빙그레 웃으시던 그 모습이 너무 보기 좋아서 저도 그렇게 해 보려고 합니다.

좋은 일이 있을 적마다 저는 어머니가 기뻐하실 것을 떠올리며 어머니처럼 빙긋이 웃어봅니다. 항상 감사로 마무리하시는 우리 어머니.

"그래, 잘됐다. 얼마나 좋노. 참 감사하지."

어머니는 늘 말끝마다 감사라는 단어를 붙이셨습니다. 고된 시골일을 평생 동안 하시면서도 감사라는 말이 습관처럼 나오는 것을 저는 이해하지 못했습니다. 아들과 딸들이 고관대작이 된 것도 아니고, 기업체 사장이라도 된 것이 아닌데도 어머니는 늘 감사하다는 말로 끝을 맺었습니다.

지금 내 마음 밭에는 어머니가 뿌려 두고 가신 씨앗들이 푸르게 싹을 틔우려고 하는 중입니다. 물만 주면 더 빨리 쑥쑥 자랄 것만 같습니다. 저는 항상 어떤 일을 할 때에 '어머니라면 어떻게 하셨을까?' 하고 저 자신에게 물어보는 습관이 생겼습니다. 어떤 날은 어머니가 그 자리에 없음에도 쿡, 하고 웃음이 터져 나오기도 합니다. 어머니가 뿌린 씨앗은 우리 아이들의 가슴속에도 따뜻한 모습으로 자라고 있을 것입니다.

어머니가 철원으로 가시고 난 뒤부터 남편은 기다렸다는 듯이 자연스럽게 설거지와 분리수거를 하기 시작했습니다. 저의 생각은 이제 남편도 그러한 일을 해도 된다는 것입니다. 혹시라도 나중에 남편이 설거지를 한다고 하더라도 저를 나무라시지는 않겠지요.

이제는 어머니가 하셨던 그 일을 남편과 나누려고 합니다. 그 대신에 어머니가 그토록 끔찍이 싫어하셨던 파출부는 절대로 부르지 않겠습니다. 우리 둘이서 알콩달콩 가꿔가는 삶을 만들겠습니다. 사실은 어머니께서도 시아버님이 살아 계셨을 때에 시아버님이 어머님의 일을 조금만 도와주어도 기분이 좋았으리라 생각됩니다. 저도 그런걸요. 누군가로부터 사랑을 받고 싶은 것이 솔직한 저의 마음입니다.

집안에서 남몰래 숱한 일을 하셨을 어머니를 대신하여 이제는 남편이라는 든든한 벽이 저를 도와주고 있습니다. 어머니가 다시 오신다 해도 이제는 저도 물러서지 않을 생각입니다. 저는 남편이 설거지를 하고 집 안 청소를 하는 모습을 보면서 어머니의 모습을 그려봅니다. 이제는 이렇게 하면서 사는 것도 괜찮다 하시겠지요.

어머니의 기운도 이제 다하셨고, 이제부터는 조용히 거실에 앉으셔서 세월의 흐름을 받아들여야 할 것이라고 생각합니다. 세월의 강물에 유유히 자신을 맡기고 조용히 바라보시는 것만으로도 충분한 우리 어머니시잖아요. 저는 어머니가 그렇게 사시다가 하늘나라로 가시기를 무척이나 바랐던 며느리입니다. 그러나 바쁜 일에 쫓겨 그리하지 못하다가 불쑥 어머니가 철원의 형님네로 가신 것이 못내 섭섭하기만 합니다. 이제는 어머니의 삶이 제게는 익숙한 삶이 되어 그 어떠한 옷을 걸쳐 입어도 어머니의 흉내를 어설프게나마 낼 수 있을 것만 같습니다. 어머니, 보고 싶습니다.

그 어머니에 그 아들

신혼 때의 일입니다. 어머니와 아들의 관계를 처음 알게 된 사건이 있었습니다.

"아범아, 얼른 가서 봄동 좀 뽑아 오너라."

"예? 지금 밤 12시가 넘었는데요."

"봄동이 갑자기 얼지도 모르겠다."

"알겠습니다."

밤 12시가 넘어 깜깜한 한겨울에 남편은 두툼한 파카를 입고 비닐봉지를 들고서 집을 나섰습니다. 저는 어머니 팔을 주무르다가 깜박 잠이 들었다가 깼습니다.

얼어 죽을 것만 같은 한겨울 날씨에, 그것도 깜깜한 시간에 집을 나서는 남편의 뒷모습을 보며 깜짝 놀랐습니다. 저로서는 도무지 이해가 되지 않는 광경이었습니다.

"어머니, 봄동 모두 뽑아 왔어요. 이제 눈으로 확인하셨으니 주무세요."

어머니는 그제서야 방으로 들어가 깊이 주무셨습니다. 그때부터 남편이 효자라는 것을 알게 되었습니다. 어머니 말이라면 자다가도 벌떡 일어나 추운 바깥으로 나가는 그였습니다. 가족들이 모두 그러했습니다.

집에서 같이 지내면서 어머니는 아픈 적이 별로 없었습니다. 스스로 건강 관리를 잘하시는 분이었습니다. 그러던 어느 날 두어 달 간격으로 머리가 아팠었는데 이번에는 너무 심하게 아파 견디기 힘들다고 하셔서 침을 맞아보고 병원에도 다녔지만 나아질 기미가 보이질 않았습니다.

제 눈으로도 서서히 마비되어가는 게 눈에 보였고, 정신도 오락가락하는 듯했습니다. 학교에서 퇴근 후에는 중풍 치료에 유명하다는 한의원을 수소문하여 찾아가서 어머니의 증세를 이야기하고서 약을 지어서 버스를 타고 다시 서문시장에 들렀습니다.

우리 집에 계시는 동안 아프지 말았으면 내심 조바심을 치며 살아왔던 터인데, 이번의 병세를 보며 왠지 모르게 불안감이 찾아들었습니다.

시장에 들러 중풍에 좋다는 오골계를 사서 오른쪽 다리와 오른쪽 날개를 잘랐습니다. 밤과 대추를 사서 봉지에 담았습니다. 그러고는 집으로 와서 이틀에 한 번씩 오골계에다 한약 한 첩을 넣어서 달이기 시작했습니다. 다섯 시간쯤 달여서 냉장고에 보관해 두었습니다. 일주일쯤 그렇게 어머니에게 드시도록 했습니다. 어머니도 자신의 건강을 챙겨주는 며느리의 정성에 꾸벅꾸벅 잘 드셨습니다.

어머니는 점점 왼쪽 팔다리에 마비가 심해지면서 혼자 거동하는 것조차 불편해지기 시작했습니다. 몸이 점점 불편해지니까 방에만 누워 계시는 시간이 늘어 갔습니다. 저는 조금이라도 나아지기를 기도하며 한의원에서 지어온 한약을 열심히 달이기를 한 달쯤 했음에도 전혀 차도가 보이질 않았습니다.

안 되겠다 싶어 철원의 큰동서에게로 전화를 했습니다. 어머니는 전화하지 말라고 신신당부를 하셨지만, 나중에 큰일이 닥치게 되면 후회할 것만 같아 연락을 드렸습니다.

"형님. 어머니가 이상하세요. 몸이 말을 안 듣는 것 같아요."

"그럼 큰일이네. 연세가 있으시니까……. 그동안 모시느라 수고했네."

큰 형님은 벌써 어머니의 사태를 짐작이라도 하는 듯했습니다.

한약을 달이고 음식 조절하는 것은 할 수 있었지만, 제가 출근하고 나면 어머니를 돌볼 사람이 없었습니다. 곧바로 철원에서 큰동서가 내려왔습니다.

누군가 집에 있어 어머니를 돌볼 수 있다는 것이 여간 고마운 일이 아닐 수 없었습니다. 그때가 농사철이 시작되려는 3월쯤이었습니다. 큰동서는 어머니가 심상치 않으시다는 말을 듣고 농사를 제쳐놓고 부랴부랴 내려온 것이었습니다.

큰동서가 일주일 동안 뒷바라지를 해 주다가 다시 철원으로 가야 했기 때문에 안절부절못하다가 친정 엄마에게 전화를 걸었습니다. 어려울 때면 손을 내미는 저였습니다. 친정 엄마가 와서 어머니를 돌보기 시작했습니다.

친정 엄마는 서울의 오빠 집에서 조카를 돌보다가 저의 전화를 받고서 급작스럽게 내려온 것이었습니다. 온통 난장판이 된 집안을 보며 들어서기가 무섭게 혀를 찼습니다. 어머니는 누워 계시고, 저는 출근을 하느라 집안을 엉망으로 만들어 놓고 있었습니다. 그때가 제게는 가장 혹독한 시간이었습니다. 비록 제가 아프지는 않았지만 제가 그토록 믿고 의지하던 어머니가 몸져 누우니 당황스럽고 어떻게 해야 할지를 몰라 허둥대기만 할 뿐이었습니다. 엄마에게는 딸이 힘들게 사는 모습을 보여주는 것 같아 미안했지만 어쩔 수 없는 일이었습니다.

친정 엄마는 어머니를 지극한 정성으로 보살피셨습니다. 사돈이 아픈 것은 곧 딸인 저의 책임이라도 되는 것처럼 저를 대신해서 정성을 쏟아 붓는 것이었습니다. 저는 퇴근하면 한약을 달이고, 음식을 만들고, 어머니의 팔다리를 운동을 시키는 동안 친정 엄마는 옆에 앉아 마음을 만지고 다독이고 있었습니다. 사람이 아프면 몸만 아픈 게 아니라 마음에도 깊은 상처와 절망이 자리한다는 걸 알았습니다.

"사돈. 어서 일어나세요. 저보다 더 단단하실 줄 알았는데……."

"미안해서……."

"괜찮아요. 훌훌 털고 일어나야 애들도 걱정을 안 하지요."

제가 퇴근하여 저녁을 준비하는 중에 사돈끼리 도란도란 이야기를 하는 소리가 부엌에까지 들립니다. 저녁을 먹고 나서 제가 어머니를 운동시키는 동안에 친정 엄마는 설거지를 해 주셨습니다. 왜 뒷목이 뻣뻣하다고 하던 것이 왼쪽 팔다리에서 마비가 오는지 알 수 없었습니다. 밤이 되면 어머니의 팔다리를 주무르다가 옆에서 잠이 들기가 일쑤였습니다.

어머니는 반신 마비가 오면서 말수가 줄었습니다. 몸과 더불어 마음도 서서히 굳어져 오는가 봅니다. 더럭 겁이 나기 시작했습니다.

겨우 말을 시작한 종원이가 할머니를 붙잡고 같이 놀자고 합니다.

"할머니, 왜 그러는 거야? 왜 말을 안 하는 거야?"

무표정한 할머니 옆에서 팔을 마구 잡아당기지만, 어머니는 물끄러미 손주를 바라보기만 했습니다. 말을 하기가 어려운가 봅니다. 훗날 어머니가 종원이의 애처로운 눈빛을 기억하면서 고마워했습니다.

어느 날은 어머니가 드신 것을 다 토하기도 했습니다. 친정 엄마는 화장실에서 구토하는 것을 토닥이면서 혹시라도 더 낙심할까 봐 어머니를 위로하면서 성경을 읽어드리고, 찬송을 부르고 있었습니다. 방으로 와서도 어머니 옆에 앉아서 건강했던 지난날들의 이야기를 되새김질하며 어머니를 위로하려고 부단히 애를 쓰고 있었습니다.

오래 있을 수도 없는 친정 엄마가 서울로 돌아가고 나서 저는 근심스러운 마음으로 성경을 펼쳤습니다.

"안심하라 나니 두려워하지 말라"(마 14:27)는 말씀이 가슴이 확 새겨졌습니다. '어머니가 나을 것이다.'라는 강한 확신이 섬광처럼 스쳐 지나갔습니다. 그러고는 거짓말처럼 어머니도 서서히 몸이 좋아지기 시작했습니다.

근 한 달 반 만에 어머니는 중풍의 초기 증세를 겪으면서 치매 증상을 걷어내고서 따뜻한 봄을 맞을 수 있었습니다. 참 지루했던 겨울이었습니다.

어머니가 건강을 회복하고서부터 우리는 퇴근 후면 스물세 평의 집 안을 뱅글뱅글 돌며 어머니의 왼팔과 왼 다리를 '하나둘' 구령에 맞춰 운동을 한 시간씩 했습니다. 제가 체육교사가 되어 구령을 붙이면 어머니는 구령에 맞춰서 팔과 다리를 들어 올리는 운동을 했습니다. 어머니 앞에서는 선생인 티를 전혀 내지 않았다가 이때만큼은 마음껏 선생의 티를 내었던 것입니다.

"어머니. 하나 둘, 하나 둘!"

"어머니, 팔을 조금만 더 높이 올리세요."

"잘하고 계세요. 조금만 더 할까요?"

어머니는 제가 시키는 대로 한 번도 거부하지 않고 매일 저녁마다 운동을 했습니다. 한약이 다려지는 동안에 고부는 좁은 집 안에서 운동을 하고, 종원이는 옆에서 따라다니며 칭얼거렸습니다. 그런 후에야 거짓말처럼 병이 호전되었습니다.

세월이 흘러서 어머니는 뒷머리가 쿡쿡 쑤시는 아픔을 한 달 간격으로 호소했고, 처음에는 그저 온수 찜질을 하다가 심하면 진통제로 이겨냈습니다. 시간이 흐르면서 아픈 부위도 달라졌고, 아픈 강도도 달라졌습니다. 그때는 곧 나으리라는 확신이 있었지만, 점점 쇠약해지는 내리막길로 달리는 것 같아서 마음이 슬퍼졌습니다.
　요즘은 겨우 꿈속에서나 작은 희망을 가져볼 뿐입니다. 이제는 희망의 끈도 느슨하게 풀어버리고 안타까운 마음도 멀겋게 희석되는 것만 같습니다.
　제가 할 수 있는 일이란 어머니가 아프다는 현실을 고스란히 받아들일 수밖에 없습니다.
　어머니, 그래도 변함없이 어머니는 제 어머니이고, 온돌처럼 따뜻한 분입니다. 나이가 들면 으레 아프다고 하지만 저는 영원히 어머니가 안 아프시다가 하늘나라로 가실 줄로만 알고 있었거든요. 그렇게 믿고 생각하며 모셨던 것이 제 불찰입니다. 좀 더 일찍 알고서 미리 서둘렀더라면 조금이나마 더 나았을지도 모르는 일이지요. 철부지 같은 며느리가 아무것도 모르고서 어머니가 드시는 진통제를 부지런히 사다 날랐던 것을 생각하면 죄스럽기 그지없습니다. 죄송합니다, 어머니.

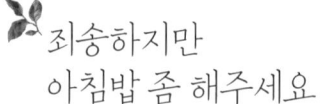
죄송하지만
아침밥 좀 해주세요

시집온 지 두어 달이 되어 갈 때의 일입니다.

남편이 대학원 리포트를 제출할 시기가 임박해서 밤새워 가며 옆에서 타이핑을 돕고 있었습니다. 새벽녘이 되어서 아무래도 아침밥을 지으려면 남편의 일을 못할 것 같아서 어머니가 주무시는 방으로 들어갔습니다. 지금 생각하면 참 겁도 없는 며느리라고 할 수 있습니다.

사람을 두려워하지 않는 걸까요? 아니면 예의가 없는 걸까요? 아니면 철이 덜 든 탓일까요? 스스럼없이 들어가 곤히 주무시는 어머니를 깨웠습니다.

"어머니, 아침밥 좀 지어 주시면 안 될까요? 그이가 아무래도 아침까지 일을 해야 하는데 제가 도와주려고요."

"으응? 그러지 뭐."

어머니는 잠결에 선뜻 그렇게 말씀하셨고, 저는 남편과 함께 리포트 작성에만 매달렸습니다. 신혼이라지만 마치 대학 시절의 친구처럼 주거니 받거니 하면서 날을 새웠습니다.

이른 아침이 되자 부스럭거리며 어머니가 아침 식사를 준비하는 소리가 들렸습니다. 저는 일한다는 핑계로 밖으로 나가보지도 않았습니다. 남편이 정리한 글을 제게 주면 저는 다시 원고를 읽어보고 타이핑을 하기 시작합니다.

"얘들아, 밥 먹자."

"예, 어머니. 너무 죄송하고 감사해요."

"괜찮다. 너희들 일이 많아서 그러는데 어떡하니?"

제가 결혼했을 때 어머니 연세가 일흔두 살이었습니다. 며느리가 지은 조반을 드셔야 할 나이이셨을 텐데, 건방진 며느리가 시어머니를 부려 먹은 겁니다. 남편은 아무렇지도 않은 듯이 식사를 하고 있었고, 저는 숟갈을 움직이면서 가끔 어머니의 눈치를 살폈지만, 어머니도 대수롭잖은 듯이 식사를 하고 계셨습니다.

그날은 어머니가 지어주신 찰진 밥을 먹었습니다. 진짜 딸이 된 것 같은 기분이었습니다. 중학교를 졸업하고 고등학교 때부터 대구에 와서 자취하면서 오빠가 해준 밥을 먹거나, 고3 때 큰집에 들어가 살 때는 새언니가 해 준 밥을 먹었습니다.

그런데 그날 아침 어머니가 해준 밥을 먹으면서 비로소 제가 어머니의 가족이 된 것 같은 기분을 느꼈습니다. 며느리가 아닌 딸이 된 것 같은 기분을 아실런지요. 엄마가 밥상을 차려준 것처럼 친근하게 느껴졌습니다. 그날따라 밥이 더 따끈따끈했습니다.

그러나 그 한 번의 부탁이 평생 동안 어머니를 부려 먹는 계기가 될 줄은 몰랐습니다. 참으로 죄송한 일이지만 그날 이후로 어머니는 서둘러 일어나셔서 아침밥을 짓기 시작했습니다. 제가 일어나면 어머니는 벌써 부엌에서 행주로 손을 닦으시면서 나오곤 하셨습니다.

"어머니, 저……."

"됐다. 내가 잠이 없어서 다 해놨다."

제가 처음 결혼해서 첫날부터 일어나면 한복으로 갈아입고서 어머니께 가서 문안 인사를 드렸습니다. 그러고는 아침밥을 지어 먹고서 출근을 했드랬습니다. 그렇게 일주일쯤 지났을 때에 어머니는 문안 인사는 그만 하라고 하셨습니다. 그날 이후로 문안 인사를 면제받고서, 아침상을 차려서 어머니 방에서 함께 먹기 시작한 것이 두 달쯤 된 것 같습니다.

그러다가 남편의 리포트 일 때문에 아침밥을 어머니가 지으시면서부터 지금까지 계속 아침밥은 어머니가 짓기 시작했으니 말입니다. 그러고 보면 저는 며느리 노릇을 딱 두 달만 하고서 모든 부엌일을 어머니에게 맡겨버린 셈입니다.

어머니가 저를 정식으로 딸로 승격시켜 준 것인지, 아니면 일로 인해서 어쩔 수 없이 일이 넘어간 것인지는 모르지만 저는 부엌일에서 해방이 된 것입니다. 학교로 출근하는 아들딸을 위해 아침을 지으시는 우리 어머니. 저는 마음 한 편에 미안함도 없이 남편과 현관에 서서 어머니께 잘 다녀오겠다고 인사를 합니다.

"그래. 차 조심하고 잘 갔다 오니라."

"네."

저는 얼마나 편한 며느리가 된 것인지 모릅니다.

문안 인사는 "어머니, 안녕히 주무셨어요?" 이 한마디로 간소화되었고, 아침상을 차리던 일은 어머니의 손으로 넘어가고, 저는 식탁에 앉아 차려준 식사를 하고는 집을 나설 때 인사를 하면 끝입니다.

며느리보다 딸의 역할에 익숙해지면서 어머니가 만든 음식 맛에 길들여졌고, 처녀 때 익혔던 김치 담그는 방법은 까맣게 잊어버렸습니다. 김치를 담글 때는 옆에 있다가 그냥 심부름만 하면 됩니다. 그런 것은 누구나 할 수 있는 일이었습니다. 칼을 갖다 달라고 하면 칼을 갖다 드리고, 양파를 갖다 달라고 하면 양파를 갖다 드리고, 파를 달라고 하면 대파를 냉장고에서 꺼내 갖다 주기만 하면 됩니다. 그러고선 옆에 앉아서 어머니가 하는 것을 그냥 보기만 하면 되었습니다. 저는 배우기 위해서 옆에 있는 것이 아니라, 어머니 옆에 있어 주는 것이 저의 도리라고 생각했으므로 김치를 어떻게 담그는지 골똘히 살피면서 앉아 있는 것이 아니었습니다.

며느리가 아니라 딸로 한 가족이 되어서 함께 어울려 살게 된 것입니다. 어머니는 아들 내외가 부지런히 직장 생활을 하면서 사는 것을 늘 기특하게 생각하시는 듯했습니다.

어머니는 본인의 삶을 살면서 교회 생활에 열심이셨고, 우리는 우리대로 둘만의 시간을 가졌습니다. 남편은 어머니로부터 자유롭게 생활을 하였고, 저도 덩달아 별로 구속됨이 없이 자유로운 생활이었습니다.

퇴근하고 오면 기다려주는 어머니가 계시다는 것이 무엇보다 좋았습니다. 아무래도 객지 생활을 오래 한 탓에 부모님의 정이 몹시 그리웠었는데 제가 어머니라고 매일 부를 수 있는 이가 있어서 좋았던 것입니다.

돌아보면 제가 다른 사람보다 더 쉽게 어머니와의 생활에 적응할 수 있었던 것도 풀 길 없는 정에 대한 갈증 탓인 듯합니다. 학교에 다니면서 방학 때에나 만나게 되는 엄마. 그리고 가끔 편지로 주고받는 가족들과의 사랑에는 한계가 있었습니다. 누군가가 옆에서 챙겨준다는 것이 얼마나 소중한 것인지 저는 깊이 느꼈습니다.

고등학교 시절 공부에만 매달리느라 정에 굶주렸던 제가 어머니를 만나면서 오랫동안 누리지 못했던 가족의 정을 느낄 수 있었습니다. 뻥 뚫렸던 허전함에 조금씩 밀물처럼 차오르는 가족애였습니다. 같이 모여서 식사를 하고 집을 나설 때는 누군가에게 인사를 하고 떠나는 것이 제게는 새로운 기쁨이었습니다.

저는 남편의 정보다도 어머니에게서 받은 정의 깊이가 더 크게 느껴집니다. 어머니 옆에 있으면 사소한 일도 감동으로 다가오곤 했습니다. 나의 허전한 마음의 빈 터에 어머니는 씨앗을 뿌려놓아 푸른 싹으로 채워나가는 것이었습니다. 일상적인 대화를 누리지 못했던 저는 가족끼리 모여서 식사를 하면서 이야기를 나누는 것이 큰 행복으로 다가왔습니다.

어머니와 함께 살면서 서로 맞추어가야 하는 고부간의 관계이기보다는 어머니를 따라다니며 허드렛일을 챙겨주는 딸처럼 지냈습니다. 그러니 작은 일상사들이 모두 따뜻함으로 채워졌고, 차이와 다름을 구별해내기도 전에 사랑이라는 이름으로 한 덩어리의 반죽이 되어버린 것입니다. 아마 제가 격식을 차리려고 했다면 지금까지 엄격한 고부 관계로 대해야 할 것입니다.

제가 그렇게 어머니를 대하니까 그런지 태어난 아이들도 스스럼없이 어머니를 대합니다.

죽는 날까지 하늘을 우러러 한 점 부끄러움이 없는 인생이란 과연 이 세상에 존재할까요. 신이 아닌 이상 우리는 허물과 죄로 가득 차 있을 것입니다. 그러나 저는 제 허물을 덮어주고, 제 아픔과 슬픔이 보이면 얼른 덮어주려고 애쓰시던 어머니가 있기 때문에 행복했습니다. 여자로 다시 태어난다고 해도 다시 어머니를 만나 더 많은 것을 배우면서 오손도손 살아보고 싶습니다.

 할머니, 옆에서 잘래요

"할머니, 오늘은 할머니하고 잘 거야."

자기 방을 두고 할머니 옆에 자려고 베개를 들고 나서는 예원이를 보면서 이십 년 전에 제가 베개를 들고 어머니 방으로 가던 기억이 났습니다. 무언가 의지하고 싶을 적에는 혼자만의 방에서 나와 엄마에게로 갔던 기억입니다.

예전에 학교에는 남자 선생들이 한 달에 서너 번씩 돌아가면서 숙직을 했던 적이 있습니다. 남편이 숙직을 하는 날이면 저는 어김없이 베개를 들고서 어머니 옆에서 잠을 잤습니다.

어머니는 철부지처럼 베개를 들고 오는 저를 마다하지 않으셨습니다. 젊은 세대들은 노인의 방에 가면 노인의 특유한 냄새가 난다고 그러지만 저는 그런 냄새를 맡을 수 없었습니다.

저를 딸처럼 옆에 두고 주무시는 어머니는 새벽이면 몰래 일어나

아침밥을 지으러 나가셨습니다. 아마 어머니는 곤히 잠들어서 입을 헤 벌리고 자는 모습을 보면서 웃었을지도 모르겠습니다. 아니면 잠버릇이 나쁜 제가 이불을 마구 휘감으면서 제멋대로 옆으로 퍼질러서 자는 모습을 보셨을지도 모르겠습니다. 저는 피곤하면 제멋대로 자는 경향이 있거든요.

남편이 숙직을 하는 날마다 항상 어머니 옆에서 잠을 잤고, 남편이 수학여행을 떠나거나 수련회를 갔을 적에도 저는 밤마다 어머니 방을 찾았습니다. 금방 잠이 드시는 어머니의 가는 숨소리를 들으면서 저도 모르게 잠이 들곤 했습니다. 결혼 전에는 혼자서 잘도 잤지만, 결혼 후에는 꼭 누군가가 옆에 있어야만 잠을 자게 되면서 남편이 없을 때는 어머니가 제 옆에 계셨습니다.

어머니가 늦게 주무시는 날에는 옆에 누워서 텔레비전의 채널을 이리저리 돌리면서 뒤척이는 것도 참 행복했습니다. 어떤 날은 도란도란 이야기를 나누다가 누가 먼저랄 것도 없이 쌔근쌔근 잠들어버리는 적도 있었습니다. 가끔 잠결에 이불을 덮어주는 따스한 손길을 느낀 적이 있었는데 아마도 어머니가 잠이 깼다가 제게 이불을 덮어주시고 다시 잠이 드신 것이겠지요. 저는 어떤 손길이 따스함을 덮어준다는 것을 어렴풋이 느끼면서 더 깊은 잠 속으로 빠져들고 말았습니다. 그것이 어머니의 손길이셨지요.

예원이는 혼자서 자는 것을 아주 싫어합니다. 그래서 잠잘 때가 되면 베개를 들고서 할머니 옆으로 갑니다. 할머니는 그것을 너무 좋아

하셨습니다.

"어이구, 우리 예원이는 꼭 할미 옆에서 잔다네."

"쟤가 하도 이불을 둘둘 말아서 어제는 추워서 혼났네."

"핸드폰으로 뭐 보낸다고 하면서 계속 이야기하는 바람에 내가 시끄러워서 못 잤네."

"쟤는 얼마나 방을 어지럽히는지 몰라. 양말도 뒤집어서 벗어놓고……."

그런 타박을 하시면서도 어머니는 예원이와 같이 자는 것을 무척 좋아하셨습니다. 예원이를 나무라면서도 흐뭇한 표정을 짓는 것을 보면 알 수가 있습니다. 요즘도 가끔 전화를 드리면 어머니는 예원이부터 찾으셨지요.

"예원이는 어디서 자니?"

"할머니 방에서 혼자 자요."

"어허, 그러냐. 그 녀석도 참……."

어머니의 행복한 목소리가 진득진득하게 묻어납니다.

어머니는 아들 밥을 해주신다며 생전에 한 번도 와본 적이 없는 대구에 오셨다가 그대로 푹 눌러앉은 고목이었습니다. 대구의 낯선 말투와 사람들의 거친 몸짓에 때로 당황해하면서도 뿌리를 내리기 시작했습니다.

"야야. 여기 사람들은 모이면 막 싸우는 것 같노?"

"어머니. 싸우는 게 아니고요. 말투가 그래서 그래요."

"니는 안 그러는데. 여기 사람들은 기차 화통을 삶아 먹은 거처럼 목소리들이 다 크다."

어머니도 어느새 사투리에 적응한 모양입니다. 말씨에서도 가끔 대구 사투리가 섞여서 나오곤 했습니다.

남편이 결혼하기 전에는 아들과 큰조카와 같이 지내면서 옛날이야기를 하면서 겨울밤을 보내셨을 어머니. 시골에서는 겨울의 긴 밤을 고구마나 감자를 삶아 껍질을 까서 김치에 싸서 먹거나, 꽁꽁 언 동치미를 떠서 목을 축이면서 지냈을 어머니가 아들이 결혼하면서부터 아들과 헤어지기가 싫으셔서 대구로 오신 게지요.

맨날 옆에 끼고 자던 막내아들을 며느리에게 내주고서 허전하게 지내셨겠지요. 그러다가 무심코 아들네 집에 들르러 왔다가 그대로 눌러앉아 버린 것이 저에겐 보물이 되었지요. 아들을 장가보내고 홀로 지새웠을 그 숱한 밤을 생각하면 그 외로움이 짠하게 전해져 옵니다. 저도 학생 시절부터 객지 생활을 해봤던 탓에 그 외로움의 깊이를 헤아릴 수 있습니다.

가시고기가 새끼를 위해 모든 걸 내주듯, 어머니의 사랑은 자식을 위해 말끔히 내주었습니다. 그리고 나서 정작 본인의 외로움은 나무 꼭대기에다 매달아 놓고서 비바람이 불 때마다 아프게 흔들렸을 터였고, 자식에 대한 미련을 버리지 못하고서 광목천에 둘둘 말아 가슴 깊은 곳에 꼭꼭 싸두고서 견디시는 것 같았습니다.

그러다가 모진 바람은 아니어도 스치는 바람에도 외로움의 잔가지를 내어 흔들면서 한동안 휑한 가슴으로 떨고 계셨을지도 모르겠습니다. 때로는 감정을 숨기면서 홀로 울음을 삼키기도 하셨을 것입니다. 어머니의 자식에 대한 애착을 누구보다 저는 잘 압니다.

그러나 어머니는 그 모든 걸 조용히 주님께 맡겨드리고 사는 것 같습니다. 아들이 결혼한 후에는 사랑의 눈길이 어머니보다도 아내인 저에게로 바뀌었음에도 그것을 자연스럽게 이해하고 받아들였습니다. 어머니는 마흔 후반에 홀로 되셔서 눈에 넣어도 아프지 않을 막내 아들을 키워 오면서 갖은 일을 다 겪으셨을 텐데도 어머니는 우리의 삶에 이래라저래라 하는 법이 없으셨습니다.

오히려 철부지인 저에게 당신이 키우시던 아들을 맡기면서 내 대신에 네가 잘 받아서 키워다오 하는 식으로 그윽한 사랑의 눈길을 보내오셨습니다. 얼마나 감사한 일인지 모릅니다. 포탄 껍데기를 주워 생계를 떠맡아오면서 키워낸 아들을 당신이 제게 맡긴 뒤로부터 슬프지 않으셨어요. 저는 혹시나 제게 맡겼다가 도로 가져가실까 봐 내심 걱정을 했던 적도 있었습니다. 참 부끄러운 생각이었습니다.

"너희 둘이 사이좋게 지내는 게 제일 고맙지."

언제나 한결같이 말씀하셨을 뿐입니다.

신혼 초에 우리가 퇴근해서 들어오면 낮 시간에 둘이 서로 떨어져 있었으니 저녁 시간이라도 같이 있으라는 뜻으로 훌쩍 산책하러 나가셔서 한참이나 지난 뒤에서야 집으로 돌아오셨습니다. 그 짧은 시간에 우리는 소꿉장난을 하듯 신혼 때에 이루지 못한 깨소금 같은 대화를 나누며 오랜만에 창가에 둘이 앉아 때늦은 커피를 마시며 창밖을 내다보았습니다.

퇴근을 해서 집에 오면 어머니는 저희들의 얼굴을 살피시고는 마음이 놓이시는 듯 환하게 웃으시며 산책하러 나가셨지요. 산책이라고 해봐야 어머니는 갈 데가 없으셔서 아파트 단지 안을 여러 번 돌다가, 어쩌면 어머니가 미리 마음속으로 정해 놓은 바퀴 수대로 돌다가 다리가 아프면 공터로 가서 앉았다가 시간이 되어서야 집으로 돌아오셨을 것입니다.

평일에는 저녁 늦은 시간이 되어서야 들어오셨고, 토요일에는 퇴근해서 돌아오는 우리들의 얼굴을 보고는 바로 친구들을 만나러 가셨습니다. 어머니가 나가신 데에는 늘 깊은 배려가 배어 있었습니다.

남들은 홀어머니를 모시는 것이 얼마나 힘든지 아느냐고 하지만 저는 하나도 힘들지 않았습니다. 오히려 어머니는 우리의 사랑이 당신으로 인해서 혹시라도 식어질까 봐 되려 우리들에게 당신의 자리를 비워주려고 애를 쓰시고 계셨습니다. 저는 참 행복했습니다. 어머니의 아들을 향했던 사랑과 또 그 아들의 사랑을 동시에 받으며 살 수 있었습니다. 이 세상의 어느 여자보다도 더 행복했습니다. 한 번도 우리가 사이좋게 지내는 것을 시샘하신 적도 없었고, 행여라도 서운해하신 적도 없었습니다. 저는 세상 사람들에게 홀어머니의 시샘은 사람마다 마음먹기에 달린 것이라고 말하고 싶습니다. 저는 그런 어머니를 마음 깊숙이 존경합니다.

저에게 잘 대해 주어서만이 아니라 내 감정보다 언제나 앞서서 상대방의 마음을 배려하는 삶이 놀라웠기 때문입니다. 존경에 무슨 이유가 따르겠습니까마는 굳이 존경의 이유를 대라면 '나보다 남을 먼저' 섬기려는 삶을 몸소 사셨기 때문이라고 말하고 싶습니다. 지금 목회자가 된 당신의 아들은 어머니의 그러한 가르침으로 힘들고 어려운 이웃을 향해 어머니의 가르침을 그대로 전할 것입니다. 어쩌면 하나님은 남편에게 제가 그토록 반대를 했던 목사의 길을 가게 하시려고 미리부터 어머니에게서 그러한 타인을 향한 배려와 애씀과 사랑을 가르치신 것이라고 생각이 됩니다. 그것도 모르고 두 사람이 받을 월급만 생각하면서 섭섭한 마음을 가졌던 제가 부끄럽습니다.

며느리나 손녀나 언제든지 베개만 달랑 들고 그 옆에 드러누워도 편안한 사람, 당신의 이불을 빼앗아 둘둘 몸에 감고 자도 웃고 마시는 어머니. 그분이 바로 우리 어머니였습니다. 손자인 종원이도 항상 할머니를 걱정하고 할머니를 생각하게 되었지요.

언젠가 동료 중에서 할머니를 잃고서 얼마나 상심하고 힘들어하는지 제가 이해가 되지 않았던 적도 있었습니다. 어머니나 아버지가 돌아가신 것도 아닌데, 할머니가 돌아가신 것에 대해서 그렇게 슬퍼했던 동료를 이제서야 저는 이해하게 되었습니다.

넘치는 할머니의 사랑을 받고 자란 우리 아이들은 남들보다 사랑의 평수가 훨씬 넓습니다. 평생을 살면서 할머니와 지낸 그 소중한 시간들이 헛것이 되지 않으리라 생각합니다. 아낌없이 주는 나무처럼 그

늘과 사랑과 그루터기까지 다 베어주고서도 슬프지 않은 나무처럼 당신은 꼿꼿이 서서 우리들의 든든한 그늘막이 되어 주셨습니다. 내어주는 사랑, 한없이 감싸 안으려는 그 사랑을 이제는 어디서 배울 수가 있을까요? 어머니는 우리 아이들에게 마음의 고향, 깊은 안식처로 남아 있습니다.

베개 하나 들고 가도 앙상한 나뭇가지 같은 손으로 안아주시던 그 사랑을 다시 느끼려고 우리는 어머니가 안 계신 그 방에서 함께 이야기를 나누고, 더운 여름에는 모여 앉아서 과일을 먹으며, 마치 어머니가 거기 같이 계신 것처럼 분위기를 만들면서 있었습니다. 어머니는 비록 멀리 가셨지만, 우리 집 그 방엔 언제나 어머니가 늘 앉아 계셨습니다.

저는 어머니가 하셨던 것처럼 아이들 앞에서 어설픈 당신의 흉내를 내어봅니다. 아직은 서툴지만 시간이 흘러 먼 훗날에는 저도 어머니처럼 현관 문소리가 나면 후다닥 일어나서 이제 오니? 오늘 힘들었겠구나? 말하고선 하얀 고무신을 꿰어 신고선 집을 나설 것입니다. 어머니가 계셨을 때처럼, 어머니가 하셨던 그 말투 그대로, 어머니의 흉내를 똑같이 내고 싶습니다.

지금도 어머니는 우리와 함께 살고 계시는걸요. 제 가슴속에 손만 집어넣으면 어머니의 따스한 손길이 만져지고 어머니의 소리를 그대로 들을 수 있을 것만 같습니다. 철원에 계시든지, 천국에 계시든지 평생 우리들 가슴에는 어머니의 지워지지 않는 그 모습이 오롯이 새겨져 있을 것입니다.

  어머니의 모습엔 주름살도 없고, 앙상한 손에 험한 핏줄이 굵다랗지도 않고, 이가 빠져서 볼이 움푹 패이지도 않으시고, 검버섯도 없으신 채로 예전에 우리 집에 계실 때의 그 모습 그대로 남아 있을 것입니다. 당신이 나를 두고 떠나시던 날, 저는 이 세상에서 가장 많이 울었던 것 같습니다. 이 철부지를 그대로 두고 가시면 어떻게 하시느냐고 그러면서…….

어머니, 사진 찍으러 가요

"어머니, 우리 가족 사진 찍으러 가요."

"왜?"

"우리가 함께 살면서 사진관에 가서 우리끼리 가족사진을 찍은 게 없잖아요?"

"그러면 그래 볼까? 다른 집에도 가족사진이 떠억 걸려 있으니까 참 보기 좋더라."

"맞아요. 냉정리 시누이 집에도 가족사진이 있으니까 좋잖아요."

사실 며칠 전에 친구 중에 시부상을 당해 장례식장에 다녀온 적이 있습니다. 갑작스레 돌아가신 분이라 영정 사진이 없어서 주민등록증에 있는 손톱만 한 사진을 확대했더니 화소가 낮아서 희멀겋게 나오기도 했지만, 얼굴이 네모난 조각으로 깨져서 낯선 사람으로 보였습니다.

영정 사진을 보는 순간, 저는 마음이 아팠습니다. 얼마나 소홀했으면 마지막 가시는 분의 고운 사진 한 장 못 만드셨을까 하는 안타까움이 들었습니다. 문상을 오신 분들에게 일일이 설명을 할 수도 없는 일이기도 하지만, 문상을 받으면서 같이 절을 해야 하는 상주로서는 어머니의 사진으로 인해서 참 난감하겠다는 생각이 들었습니다.

어머니의 배려를 배우고 살면서 마음속으로 친구 중에 무슨 일이 생기면 꼭 도와주어야겠다고 늘 생각하곤 했었는데 마침 추석 때 갑자기 상을 당했다는 소식을 들었습니다. 다음 날이 연휴여서 운 좋게 장례식장으로 가서 음식 챙기는 일을 도울 수 있었습니다.

새벽부터 밤늦게까지 주방 일을 도우면서 딱 한 가지 아쉬웠던 점이 바로 영정 사진이었습니다. 요즘은 상을 당하면 주방에서는 카드 한 장으로 모든 걸 해결할 수가 있었습니다. 전화 한 통이면 밥, 국, 떡, 과일, 음료 등 모든 것을 주문할 수가 있고, 카드로 결제하면 되었습니다. 그러나 카드로 해결할 수 없는 게 딱 하나 있습니다. 바로 영정 사진이었습니다.

그걸 보면서 저는 갑자기 어머니 생각이 났습니다. 우리도 갑자기 상을 당했을 때 사진이 없어 냉정리 형님에게 급히 사진을 갖고 오시라고 할 수도 없는 일이었습니다. 자식으로서 그만한 것을 준비하지 못했다는 것은 부모에 대한 소홀함으로 여겨질 것입니다. 그래서 저는 장례식장에서 돌아오는 대로 어머니 사진부터 찍어야겠다는 생각을 하게 되었습니다.

남편과 의논하여 온 가족이 사진관으로 갔습니다. 어머니는 하얀 블라우스에 분홍 스웨터를 입었습니다. 뽀얗게 화장도 하고 입술에는 붉은 칠도 살짝 해드렸습니다.

"야야, 이 나이에 이게 뭐꼬? 얼굴에 분을 안 발라본 지도 오래됐다."

"어머니. 오늘은 이렇게 해서 찍어야 사진이 예쁘게 나와요. 더 젊어 보이시는걸요."

사진관으로 가는 길은 참 행복했습니다만 내심 걱정이 조금 앞섰습니다. 부정적으로 생각한다면 어머니가 일찍 돌아가시기를 바라기라도 하듯 사진을 미리 찍어둔다는 셈일 수도 있었습니다. 우리네 풍습으로는 수의는 미리 준비하면 복이 온다고 믿고 있지만, 사진은 왠지 모르게 꺼림칙한 것이었습니다.

언젠가 닥칠 일을 미리 준비하는 마음이었지만 너무 일찍 서두르는 게 아닌가 하는 죄스러움이 들었습니다. 저는 남편에게 그런 속내를 내보이는 것 같아 미안스러웠고, 남편은 아내인 나를 위해 시어머니의 영정을 미리 준비하는 것으로 비춰질 수 있어서 서로가 미안함을 갖고 있었습니다. 너무 서두르는 건 아닌가? 혹시 나중에라도 어머니가 아시게 되면 매우 섭섭해 할까 봐 고민이 되기도 했습니다.

어머니는 가족과 나들이를 나간다는 것이 매우 흡족하셨는지 손주의 손을 잡고 걷고 있었습니다. 우리는 그 뒤를 따라 나란히 걸었습니다. 사진관에 도착할 때까지 저는 어머니를 위한 길이라고 생각하기로 마음을 먹고 또 먹었습니다.

마치 한 사람의 장례를 준비하러 가는 것처럼 엄숙한 마음이었지만 간간이 아이들의 웃음소리에 우리의 마음이 조금 밝아졌습니다. 어머니는 모처럼 만의 외출이어서인지 내내 마음이 밝았습니다.
 마침 아는 사진관이 있어서 미리 그런 사정을 부탁을 했더니 눈치껏 잘해 주었습니다.
 "어머니, 우리 가족 다섯 명이 예쁘게 사진 찍을 거예요. 어머니가 제일 중앙에 앉으세요."
 사진관 기사님은 어머니의 자세를 잡아주고는 카메라 앞에 서서 손을 들어 올립니다. 어머니는 사진관 기사 아저씨의 손을 그윽히 바라봅니다.
 "찰칵찰칵!"
 우리는 사진관 아저씨의 말에 따라 포즈를 다시 취하며 여러 장의 사진을 찍었습니다. 저도 남편과 같이 둘만의 사진을 찍었습니다.
 그러고는 어머니와 남편과 같이 사진을 찍고 나서,
 "어머니, 오늘은 너무 고와 보이니까 혼자서 예쁘게 독사진 한 장 찍으세요."
 그렇게 해서 어머니를 혼자 앉히고 사진을 찍었습니다.
 혹시나 어머니가 눈치채실까 봐,
 "어머니도 혼자서 찍었으니, 저도 독사진 한 장만 찍을게요."
 "어허, 그래라. 에미도 잘 나오겠다."
 어머니는 아시는지 모르시는지 유쾌한 표정이셨습니다. 우리 가족은 모처럼 하나가 되어 그동안의 추억을 사진에 담기라도 하듯이 필름에 그 자국을 새기며 밖으로 나왔습니다.

"여보. 오늘은 어머니하고 모처럼 나왔으니 밖에서 식사를 하고 들어가요."

"그러지."

집으로 오는 길에 근처 식당에 들러 불고기를 먹었습니다. 저는 어머니의 쌈에 고기를 얹어주며 환하게 웃을 수 있었습니다. 고기를 먹고 나서 냉면을 먹었습니다. 어머니는 냉면을 무척이나 좋아하셨습니다.

참으로 오랜만에 갖는 오붓한 가족 나들이였습니다. 아이들도 할머니 품에 안겨 재잘거리느라 바쁜 하루였습니다.

어머니 영정 사진 한 컷을 찍기 위해서였지만 덤으로 우리 가족들의 사진도 여러 컷 찍었습니다. 거실 중앙에 걸어놓을 커다란 사진도 찍었고, 안방과 어머니 방에 걸어놓을 작은 액자의 사진도 찍었고, 종원이와 예원이가 둘이서 같이 사진을 찍기도 했습니다.

며칠 뒤 사진을 찾아오는 날, 어머니의 얼굴은 분홍빛 스웨터보다도 더 홍조를 띤 행복에 젖은 표정이었습니다.

"아유, 사진이 잘 나왔네. 기사 양반이 솜씨가 좋아 보이더니 정말 잘 찍었어."

사진 속의 어머니는 활짝 웃고 계셨습니다.

"맞아요. 어머니가 진짜 곱게 나왔어요. 그 기사님 실력이 뛰어난 것 같아요."

"그러게, 그 양반 솜씨가 좋다."

우리는 가족사진을 거실에 걸어두고, 어머니 사진은 어머니 방에 걸어 두고, 우리 네 명 사진은 장롱 위에 올려두었습니다. 그 사진은 어머니를 안심시키기 위한 작전에 불과한 사진이었으니까요.

우리의 연기력이 뛰어난 것이 아니라 지혜로운 어머니가 살짝 속아 준 것이 고마웠습니다. 이제 큰일이 생겨도 이 일로 낭패를 겪지 않을 거란 생각에 다소 위안이 되었습니다. 무엇보다도 곱게 나온 어머니의 사진을 보며 매우 만족해하시는 어머니를 보면서 우리가 마치 큰 효도를 한 것마냥 기분이 좋았습니다.

시간이 한참 흘러서 디지털카메라가 등장하면서 카메라의 사진을 컴퓨터의 화면에서도 보게 되었습니다.

어느 날 어머니의 사진을 찍어서 컴퓨터에 올려서 큰 화면으로 보여 드렸습니다.

"아니, 너는 사진을 왜 이리 못 찍니?"

"왜요?"

"얼굴에 검버섯이 있어, 너무 늙어 보인다. 저번의 사진이 백번 낫다."

"어머니, 그냥 사실대로 찍어서 올렸는데요."

"지난번에 사진 기사가 찍은 사진은 얼굴도 뽀얗게 나오고, 주름도 없었잖아."

"그러네요. 제가 아직 사진 찍는 기술이 없어서 그래요. 열심히 배워서 다음엔 더 예쁘게 찍어드릴게요."

제가 봐도 기사님이 찍은 사진은 곱게 분칠한 것보다 더 뽀얀 얼굴이 되어 있어서 어머니 얼굴엔 티 하나 없이 곱기만 했습니다. 그런 것에 비하면 제가 찍은 사진은 밭에서 불쑥 뽑아낸 무에 흙이 잔뜩 묻어 있는 것처럼 서툴렀습니다. 어머니의 검버섯 핀 얼굴이 그대로 드러나 있었습니다. 마치 지난 시절에 험난한 삶을 살아오신 어머니의 모습이 그대로 드러나 있는 듯했습니다.

포토샵 프로그램으로 어머니 사진에 포토샵 처리를 하려고 했으나, 생각보다 쉽지 않았습니다. 얼굴을 뽀얗게 만들다 보면 얼굴 모양이 일그러지고, 어떨 땐 코가 삐뚤어져 다듬는 것이 그리 쉽지가 않았습니다.

"어머니, 제가 사진 찍는 기술도 없고요. 사진을 다듬는 기술은 더 없네요. 대신 어머니의 사진을 예쁘게 걸어드릴게요." 하고는 분홍빛 스웨터를 입은 사진을 거울 옆에 걸어 드렸습니다.

어머니가 거울 옆의 사진을 흐뭇하게 바라보시는 모습은 자녀로서 보기에 참 행복했습니다. 어머니의 숱한 삶 중에서 가장 환하게 웃으시는 모습이었습니다. 어느 한 순간, 대구에서의 삶 중에서 가장 아름다웠던 순간의 시간을 골라서 사진 속에 집어넣은 것이었습니다. 오늘도 은근한 미소를 지으시면서 저를 바라보고 계십니다.

언젠가는 그 사진 주위에 하얀 국화꽃으로 둘러싸일 테고, 우리는 어머니를 잃은 슬픔에 잠긴 채로 물끄러미 사진만 바라보고 있을 시간이 점점 다가올 것입니다. 그때도 변함없이 어머니는 우리를 따뜻한 표정으로 내려다보실 것입니다.

　아직은 제가 어머니를 보낼 마음의 준비를 하고 싶지 않습니다. 좀 더 오래 우리 곁에 머무르시다가 정 지루하시다 싶으실 때에 저희들 곁을 떠나십시오 하고 기도를 해봅니다. 그때는 정말 어머니를 기쁨으로 보내드릴 수 있을 것만 같습니다.

　어머니, 제 삶에서 누구보다 어머니가 계셔서 행복했습니다.

　제가 어머니를 만나 행복했듯이, 어머니도 저를 만나 행복하셨는지 모르겠습니다. 저와 함께했던 숱한 날들의 기억들은 제 가슴에 차곡차곡 쌓여져 있을 것입니다. 마치 가을날의 노랗게 물든 단풍잎처럼 책갈피에 꽂아 두었다가 먼 훗날 책을 펼쳐보면 단풍잎을 꽂아 두었을 때의 그 시간들이 활짝 피어나듯이 저는 어머니를 피워 올릴 것입니다.

한순간의 행복이 소중했습니다

제 삶의 과정에서 어머니와 한가족이 되어서 함께 살 수 있었던 행운에 감사드립니다.

아름답고 소중한 추억을 만들며 살았던 지난 시간들. 그러나 시간이 되면 그동안 아껴 왔던 이별의 아쉬움을 꺼내 삼켜야 하는 것 같습니다.

그날의 사진처럼 제 가슴속에 영원히 선명하게 남아 있을 줄로만 알았던 시간들이 점점 허물어져 가고 있었습니다. 아름다움은 떠남이 있어서 더욱 아름다워지는 것인지도 모르겠습니다. 어머니의 일상을 찍어 제 사진첩에 남겨둔 것이 얼마나 다행스러운 일인지요. 저는 틈날 때마다 어머니를 아파트 근처로 데리고 가서 사진을 찍었습니다.

"어머니. 김치 해보세요. 김치이!"

"그래. 김치!"

그러면 저는 순간적으로 셔터를 누릅니다. 그리고 꽃밭 앞에서 어머니에게 브이 자를 해보라고 주문하기도 합니다.

"이건 애들이나 하는 거 아니냐."

"어머니. 요즘은 나이 드신 분들도 관광을 가시거나 하면 다 이렇게 하면서 찍어요. 그런 모습을 하면 더 편해요. 자, 해보세요."

저는 어설픈 사진사가 되어 손가락으로 브이 자를 그려보라고 권합니다. 어머니는 몇 번이나 브이 자를 그렸지만 끝내 어색합니다. 아마도 마음이 내키지 않는 모양입니다. 그래도 저는 그런 모습까지도 사진에 다 담았습니다.

어머니의 삶이 사진으로 남아 제 일생의 소중한 사진첩이 됩니다. 집에서 일하시는 어머니의 모습을 몰래 찰칵 하고 찍은 사진도 있고, 설거지하시느라 서 있는 모습도 찍었습니다. 햇살이 들어오는 거실에 앉아 파김치를 다듬는 모습도 옆에서 살짝 찍었습니다.

어머니는 아세요? 제가 어머니를 붙잡고 놓아드리지 않으려고 애써 사진을 마구 찍어대는 모습을 알고 계세요?

제 사진첩 안에는 맨 얼굴의 어머니 삶들이 순간적으로 포착되어 고스란히 남아 있습니다. 그때 제가 디지털카메라로 사진을 많이 찍어 두어야겠다는 생각을 한 것은 참 잘한 일이라고 생각합니다.

함께 부대끼며 살았던 날들이 달력의 종잇장보다 더 많이 차곡차곡 쌓여져 갔고, 가끔 찢겨져나간 달력 종이처럼 아픈 기억들도 있습니다. 그 종이로 무엇을 했는지 알 수 없지만, 분명한 것은 달력의 낱장마다 저와 같이 집안에서 함께 호흡하며 눈빛을 나누며 웃으며 밥을 먹었을 시간이라는 것입니다.

책갈피에 말려둔 꽃잎처럼 우리의 기억도 때로는 바래지기도 하겠지만, 그것을 책갈피에 곱게 접어 끼우던 그 정갈한 마음의 설렘은 아름다움으로 남아 있을 것입니다. 시간이 흘러도 변함없이, 갈피를 펼칠 때마다 어머니와 나눴던 삶들이 그대로 드러날 테니까요.

가끔 펼쳐보는 사진첩 속의 어머니는 참으로 평범하고 정감 있는 분이셨습니다. 친정 어머니와는 또 다른 소중한 것을 주신 분이었습니다. 그리고 손주를 향한 가이 없는 사랑의 치마폭은 항상 넓고 푸근했습니다. 지금도 아이들의 말에서 묻어나오는 정겨움과 감사가 묻어 있는 말을 듣다 보면 어머니의 얼굴이 떠오르곤 합니다. 시간이 지날수록 그리움이 더 깊어지는 것 같습니다.

'함께 산다는 건 추억을 만들어내는 것이다.'

어머니, 이 말이 맞지요? 저는 어머니와 함께 만들어가는 삶을 살았던 것입니다. 그것은 인생의 아름다운 작업이었습니다.

어머니가 제 어머니여서 너무 감사했습니다.

남들이 헤아릴 수 없을 정도로 묵직한 어머니와의 교감은 아롱진 무늬처럼 남아 있습니다. 사진첩에 들어 있는 사진들보다 더 많은 기억들이 제 가슴속에 들어 있습니다. 그것은 언제든지 제가 보고 싶으면 속으로 어머니, 하고 부를 적마다 튀어나옵니다. 저는 글을 쓰면서 오래된 사진들을 꺼내 물끄러미 바라보면서 한 줄씩 글자를 메꾸어

나가고 있습니다. 그리웠던 추억이라는 이름으로.

　어머니와의 알뜰한 추억을 맑은 물에 씻어 기장쌀처럼 밥을 지으면 구수함이 더해질 것 같습니다. 기장쌀을 손에 잡고 주르르 부으면 작은 알이 손에서 빠져나가면서 부드러움이 더해지듯, 글에서나 사진에서나 어머니의 그 부드러움이 자꾸 다가옵니다.

　어머니. 한 권이 책이 되어 나오는 날, 저는 "어머니, 학교에 다녀왔습니다. 이 책 한 번 읽어 보세요."라고 말하면서 눈물을 뚝 떨어뜨리고 싶습니다. 제가 어머니를 어떻게 보내드렸는지 다 알 수 있을 거예요.

어머니, 그만 아프세요

'순간의 선택이 10년을 좌우합니다.'

한때 유명했던 전자제품의 광고 문구가 있습니다. 기본적으로 전자제품은 10년은 족히 쓸 수 있다고 광고하는 문구였지요.

어머니는 몸이 아플 때마다 제게 미안한 듯이 젊었을 때는 괜찮았었는데, 왜 이러누 하고 자신을 나무랐습니다. 저는 아무렇지도 않은데 어머니는 벌써 육신의 쇠약함을 느끼시고 계시는 듯했습니다. 미리 저한테 준비하라는 말과도 같았습니다. 그러나 저는 어머니를 붙잡고 싶은 마음에 으레 하는 말이겠거니 하고 넘겨 버렸습니다.

어머니는 육신이 아픈 것을 매우 낯설게 생각했습니다.

철원이라는 산골에서 태어나셔서 농사일만 하면서 아이들을 키우시느라 산속으로 포탄 껍데기를 주우러 다니셨던 분이었습니다. 일생에 아파본 적이 없을 정도로 건강하셨다가 나이가 듦에 따라 여기저기에서 탈이 나기 시작하자 당황해하시는 듯했습니다. 더구나 저희 집에서 그렇게 되자 마치 죄를 짓는 사람처럼 마음속으로 애를 태우셨습니다. 누구에게도 마음의 짐이 되기를 꺼리셨던 것입니다.

어쩌면 아직도 어설픈 저희를 두고 떠나기가 미안했던 것은 아닌지요. 어쩌면 저희들 곁에 더 오래 머무르고 싶어서 자신의 아픔을 꾸짖고 계신 것이지요. 저희들과 오래오래 더 오래 머물고 싶어하셨던 어머니의 마음을 압니다.

아프지 말고 오래 같이 있고 싶어하셨던 마음과는 달리 자꾸 아파오니까 마지막으로 그 추한 모습을 내보이기가 싫어서 철원으로 가시려고 하셨던 것이지요.

저는 어머니의 마음을 헤아립니다.

막내아들 집에서는 아프지 말고, 정 아프면 끝내는 큰아들네로 가서 누우리라는 절망적인 마음을 갖고 계셨던 거지요. 힘든 우리들에게는 아픔을 보이지 말고, 그것을 보이더라도 큰아들에게로 가서 짐이 되리라고 작정을 하시고 계셨었지요.

저는 어머니를 100세까지 모시겠다고 다짐하고서 영정 사진까지 찍어 두었습니다. 가장 사랑하셨던 막내아들의 집에서 편히 하늘나라로 가시는 것을 보고 싶었습니다. 서툰 저희들이지만 그래도 알콩달콩한 맛은 있잖아요. 종원이가 할머니라고 부르고, 예원이가 우리 할머니라고 부르는 맛에 어머니는 우리 집에서 계시다가 부름을 받아서 하늘나라로 가시기를 바랐습니다.

아들이 해주는 기도를 받으며 조용히 눈을 감을 적에 제게 '우리 어머니'라는 소리를 듣고 싶으셨겠지요. 저는 그렇게 하려고 애를 쓰며 살았습니다. 아이들에게도 어머니를 위해 검은 양복과 치마저고리를 입히고 싶었습니다.

육신의 고통이 깊어지면서 어머니는 마음의 절망이 더 깊어 보였습니다. 어느 날부터인가 말수가 적어지면서 방 바깥으로 나오는 횟수가 줄어들었습니다. 그리고 밥을 많이 드시지 못했습니다. 입맛이 없으신지 밥을 물이나 숭늉에 말아서 드시기 시작했습니다. 그때부터 저는 알아챘어야 했는데 그냥 무심코 받아들였습니다. 기계로 생각하면 90년 이상을 쓴 셈이지요. 언제까지나 건강하시리라고 믿었던 저와 남편의 잘못이었습니다. 아마 어머니도 갑자기 건강이 기울어지리라고는 미처 생각하지 못했겠지요.

자동차도 새 걸로 사면 처음에는 고장이 없다가 3년쯤 지나고 나면 여기저기에서 고장이 툭툭 생겨나는 법이지요. 사람과의 온기라는 것도 부부간에도 서로 사랑을 다듬고 기름을 치지 않으면 녹이 슬 듯이 점점 멀어지는 것이 당연지사일 겁니다.

그동안 셀 수 없을 정도로 온정을 퍼부어주고 배려를 아끼지 않으셨던 어머니였습니다. 갓난아이가 아프면 말을 하지 못해 원인을 알 수 없어서 답답했던 것처럼 어머니의 아픔은 제게 혹독한 가시로 다가왔습니다.

"어머니, 연세에 비하면 건강하신 거예요. 보세요. 혼자 걸어 다닐 수 있지요. 아무거나 드실 수 있지요. 어떤 것이든 말할 수 있지요. 또래 분에 비하면 건강하신 거예요."

"그래도 작년보다 왜 이리 아프냐?"

"어머니, 기계도 90년 이상을 쓰면 낡아지잖아요. 어머니는 다른 분에 비하여 진짜로 건강하신 거예요. 100세는 충분히 사실 거예요."

그러나 어머니의 95세의 여름은 부단히 힘겨웠습니다. 더위가 오기도 전에 그 고개를 넘을 수 없을 것만 같아 보였습니다. 점점 숨을 가빠 하셨고 어느 순간에 마음의 줄을 놓아버린 것이 아닌가 하고 더럭 겁이 날 때도 있었습니다.

설상가상으로 어머니의 몸은 풍선이 서서히 부풀어 오르듯 얼굴, 가슴, 손, 다리 순으로 팽팽하게 부어오르는 것이었습니다. 이 병원, 저 병원을 모셔 가서 약을 처방해 복용해 봐도 차도가 보이지 않았습니다. 팔을 누르면 거짓말처럼 그대로 눌려져 있다가 저녁이 되면 겨우 반쯤 살이 올라왔다가 아침이 되어서야 그 자리에 멍 자국으로 생기곤 했습니다.

그 와중에도 어머니는 손거울로 자신의 얼굴을 비춰보는 것을 게을리하지 않았습니다.

"어멈아, 몸이 부은 거 같지? 몸이 부으니까 얼굴에 주름이 없어졌네. 얼굴이 이렇게 되었으면 좋으련만……."

"어머니는 평상시에도 예쁘시잖아요?"

"어멈아, 가슴도 젖 물릴 때처럼 커졌다. 신기하지?"

"그러게 말입니다. 제가 손주 하나 더 낳을 테니 어머니가 젖 먹이실 래요?"

"허허허, 아이고, 어멈아. 됐다."

이런 농담을 주고받으며 우리는 활짝 웃었습니다.

어머니의 다리는 퉁퉁 부어올라서 핏줄이 선명하게 드러나는 게 적나라하게 보였습니다. 우리는 아침마다 부어오른 어머니의 얼굴과 다리를 보면서 속으로 안타까워했습니다. 어머니를 이 병원 저 병원으로 옮겨가며 지켜보는 저의 마음은 참으로 터질 것만 같았습니다.

얼굴은 주름살이 없어지면서 보름달처럼 커졌고, 가슴은 젖먹이가 젖을 먹을 시간이 된 것처럼 부풀어 있었으며, 손목엔 수많은 핏줄이 투명하게 드러나 있었습니다. 마른 소나무 가지 같았던 앙상하던 종아리는 서너 배는 더 부었고, 발은 신발을 신을 수 없을 정도로 부어 있었습니다. 저는 아침마다 어머니를 보는 것이 무서워졌습니다.

수족관의 물고기의 움직임이 낱낱이 들여다보이듯이 아침마다 어머니의 팔과 다리에 느릿느릿하게 흐르는 핏줄을 지켜보는 일이란 참으로 힘겨웠습니다.

이제는 점점 우리들 곁을 떠나시려고 저러시는가 싶기도 하고 아파서 누워 버리시면 꼼짝도 하지 못할 텐데 하는 안타까움으로 애를 태웠습니다.

한 올의 거미줄이 파르르 경련을 일으키며 떠는 듯한 시간이었습니다. 어머니를 지켜보는 남편의 눈빛도 애처롭게 보일 때가 있었지요.

더구나 아이들이 무심코 할머니가 살이 찌셨네 하고 말을 할 때는 가슴이 덜컹 내려앉았습니다. 어머니의 아픔이 서서히 저의 가슴속으로 밀려들고 있는 중이었습니다.

어른을 모시는 것 중에서 가장 힘든 것은 어른이 편찮으실 때인 것 같습니다. 요즘처럼 편찮으시면 본인뿐만 아니라 간호하며 지켜야 하는 게 마음에 부담으로 다가옵니다. 이 고비를 지나야 어른을 잘 모셨다는 인증서를 받을 터인데 차라리 그 인증서를 거절하고 싶을 정도였습니다. 마음의 짐이 자꾸 생겨납니다.

하루이틀 차도가 없자 마음은 마른 논바닥처럼 타들어 갑니다. 어떻게 해야 좋을지, 몸은 학교에 가 있지만, 마음은 어머니 곁에서 안절부절못하고 안달이었습니다. 어머니의 지친 몸을 꼭 안아드려야 하는데, 부은 손을 잡아 드려야 하는데, 전처럼 손을 잡고 동네를 거닐어야 하는데, 마음만 자꾸 생겼다가 푸르르 거품처럼 없어지고 맙니다. 걱정 반, 두려움 반으로 저의 가슴만 만지작거리고 있었습니다.

저는 어머니를 두고 출근하면서 문을 닫기도 전에 마음속으로 어머니를 위해 기도합니다. 그리고 출근하면서도, 학교에서 수업을 하다가도 잠시 기도하는 습관이 생겼습니다. 점심시간에는 운동장 가의 나무 밑으로 가서 어머니를 위해 기도합니다. '어머니, 어서 나으세요. 그래서 예전처럼 우리가 산책도 다니고, 아이들과 저녁을 먹으러 식당에도 가고 싶습니다.'라고 기도를 하게 됩니다.

제가 할 수 있는 일이란 아무것도 없음에 마음이 안타까웠습니다.

오로지 기도하며 약을 제 시간에 맞추어 드리는 것밖에 없습니다.

여름방학이 시작되면서 학교 대신에 병원으로 출퇴근하는 일이 반복되었습니다.

"어머니, 병원에 입원하는 것은 어떠세요?"

"싫다. 내 집 놔두고 병원에는 왜 있느냐? 나는 싫다."

"어머니, 병원에 계시면 위급할 때 안전하고 무슨 일이 생겨도 좋잖아요?"

"급하면 차를 타고 병원에 오면 되는데. 그거는 싫다."

"어머니, 병원비 때문에 그렇지요? 여기는 노인전문병원이라서 병원비가 얼마 안 해요."

어머니와 함께 살면서 터득한 것은 어머니의 마음을 먼저 읽는다는 것이었습니다. 어머니는 항상 저희들에게 누를 끼칠까 봐 천천히 우회적으로 돌려서 말씀을 하시기 때문에 순간적으로 상황을 파악하여 판단을 해야 합니다. 어머니와 부대끼면서 나름대로 터득한 지혜였습니다.

이 상황에서 내린 판단은 첫째, 이렇게 아프다가는 병원에서 죽으면 객사라는 말을 듣게 된다는 것이었습니다. 둘째, 병원에서 노인들과 같이 있으면 집에 계시는 것보다 병이 더 생길 것 같다는 것이었습니다. 셋째, 어머니가 병원비를 걱정하는 것이 아닐까 하는 생각이 들었습니다.

그해 여름방학엔 아침에 병원으로 가서, 저녁에 집으로 돌아오는 일의 반복이었습니다. 무슨 검사를 그렇게도 자주 하고, 걸핏하면 피를 뽑아서 검사 결과가 나와야 알 수 있다는 말을 수없이 듣던 여름이었습니다. 그나마 제게는 방학 기간이라서 참 다행스러운 일이었습니다.

어머니가 걱정하던 것 중에서 어머니는 집에서 조용히 돌아가시는 것이 좋겠다는 말을 은연중에 하셨습니다. 그래서 어머니의 걱정을 덜게 하기 위해서 손주들을 늘 옆에 붙어 있게 했습니다.

손주들과 이야기를 하며 지내는 동안에 어머니는 잠시나마 병을 잊은 것처럼 보였습니다. 세 번째 걱정을 덜어드리기 위해서 병원비는 한 달치를 계산해 봐도 얼마 안 된다는 것을 곱셈을 하여 알려드렸습니다.

어머니는 저와 같이 외출을 하는 병원 출퇴근을 좋아했고, 다행히도 점차 병도 호전되어 갔습니다. 어머니의 붓기는 노인전문병원의 약을 드시고서 그 붓기가 서서히 빠지기 시작했습니다. 붓기가 빠지면서 전보다 더 앙상하게 살가죽이 뼈에 찰싹 붙었습니다. 홍수로 불었던 물이 하루아침에 쑥 빠져버린 것처럼 어머니의 붓기가 빠지자 우리 마음의 근심과 걱정도 조금씩 가라앉았습니다.

대구의 여름이 너무 더워서 혹시라도 올해를 못 넘기시는 건 아닐까 걱정이 되었습니다. 그래서 제가 슬쩍 말을 꺼냈습니다.

"어머니, 혹시 너무 더운데 철원에 가실래요?"

"싫다. 기운이 없어서 못 간다."

어머니는 연세에 비해서 어디든지 가시는 걸 좋아하셨습니다. 대구에서 철원까지 꼬박 자가용으로 달려 5시간을 가야 하는데도 지치지 않을 정도였으니까요. 그런데도 철원에는 안 가시겠다고 하는 것을 보면 어머니는 진짜로 기운이 없으신 겁니다. 그게 아니면 우리 집을 떠나 철원으로 갔다가 다시는 영영 못 돌아올까 봐 내심 걱정하는 것이었는지도 모르겠습니다. 어머니는 꿈에도 철원을 그리워했고, 명절이나 휴가 때 철원에 가기 한 달 전부터 미리 준비를 하시는 분이셨습니다.

"어머니가 진짜로 기운이 없으신가 봐요. 혹시 이러다가······."

편찮으실 때만 전화를 하는 것 같아 민망했지만, 그래도 일을 갑자기 당하면 어쩌나 싶어서 형제들에게 전화를 드리기로 결정했습니다.

"형님, 대구 동생입니다. 어머니가 너무 편찮으신데 혹시 시간 되면 한 번 내려오셔요."

철원 아주버님, 이동과 냉정리의 시누이에게도 전화를 드렸습니다. 그러나 각자의 삶이 다 바쁜 형편이라 급히 내려올 처지도 못 되었습니다.

어떤 경우에도 정확한 판단을 내리기란 쉽지 않았습니다. 그렇게 힘든 시간이 지나고 가을이 되어서야 어머니는 여름의 붓기를 다 내려놓고서 서서히 가을로 돌아오셨습니다.

제가 그렇게도 많은 사랑을 받고도 어머니가 편찮으실 때는 더 잘 해드리지 못하고, 저의 힘듦만 생각했던 이기적인 모습이 뒤늦게서야 부끄러워지기 시작했습니다. 저는 나름대로 최선을 다했다고 생각하지만 시간이 지나고 나면 언제나 후회가 하얀 소금처럼 남았습니다. 어머니는 제 마음을 다 이해하시리라 생각합니다. 어머니, 이제 아프지 마세요.

할머니가 읽는 책이란 말이에요

"예원아, 이 책을 교회에 가져다 두면 여러 명이 읽을 수 있겠구나. 그치?"

"예, 그런데 이순신과 세종대왕 책은 가져가지 마세요."

"왜? 한꺼번에 모두 가져다 두면 좋지 않을까?"

"그건 할머니가 우리 없을 때 매일 읽는 책이란 말이에요."

그때, 옆에서 계시던 어머니가 말을 꺼냈습니다.

"나는 괜찮다. 나는 심심해서 그냥 읽는 거니까, 교회 아이들이 읽도록 해라."

"그래도 안 돼요. 교회 아이들은 없다가 읽는 거지만, 할머니는 매일 읽는 건데 그냥 두세요."

"네 말도 맞다마는 할머니도 허락하셨잖아?"

그렇게 옥신각신하다가 저는 설거지를 한다고 부엌으로 갔습니다.

"얘가 어딜 갔어? 혹시 삐쳤나?"

한참을 지나도 예원이가 나오지 않는 겁니다. 한참 후에 예원이는 B4 크기의 종이를 고사리손에 들고서 나왔습니다.

"어딜 갔다 오는 거야?"

"이순신과 세종대왕 책을 복사해왔어요."

"왜?"

"엄마가 책을 가져가면 할머니가 읽을 게 없잖아요? 그래서 복사했어요."

"돈은 어디서 났어?"

"제가 모아둔 것을 다 가져갔어요. 그래도 아직 몇 백 원은 남았어요."

순간, 가슴에 찌릿한 감동이 온몸에 불규칙한 사선을 그으며 스쳤습니다.

돈을 모으면 절대로 허투루 쓰는 법이 없는 예원이가 할머니를 위해 용돈을 몽땅 털었다는 것도 놀랍고, 엄마 몰래 책을 복사하러 가는 발걸음이 참 대견스러웠습니다.

복사본을 자랑스럽게 내밀며 말했습니다.

"할머니, 우리가 학교 가고 나면 이거 읽으세요."

정이 뚝뚝 떨어지는 목소리에 할머니는 순간 마음이 젖는 것 같았습니다. 옆에 서 있던 저는 어머니를 생각하는 예원이보다 배려심이 적은 것 같아 부끄러웠습니다. 받은 사랑을 나눌 줄 아는 예원이의 마음을 읽으면서 위로를 받습니다. 초등학생인 예원이가 저를 그렇듯 부끄럽게 했습니다.

할머니와 같이 사는 아이들이 다 그렇듯이 할머니에 대한 사랑은 온돌처럼 늘 따끈따끈합니다. 저희들보다 약한 할머니라는 것을 인식하기 때문입니다. 어머니에게 학교에서 폐품으로 버리는 학생 책상을 가져다 드렸습니다. 책상을 소파 앞에 두고 복사물을 서랍에 가지런히 정리해 두었습니다. 마치 손주의 사랑을 이불 밑에 차곡차곡 챙겨 두듯이 그렇게 소중하게 다루셨습니다. 서랍을 열어 보면 자주 예원이가 복사를 해서 넣어준 책을 꺼내서 읽은 흔적이 보였습니다.

할머니와 손주가 나란히 소파에 앉아 책을 읽는 모습은 마치 초등학생이 나란히 앉아 있는 듯합니다. 아주 친한 친구 사이처럼 서로의 마음을 묶어놓고서 나란히 앉아 있었습니다.

86세의 어머니와 이제 초등학교 2학년 예원이는 아마 생각이 같았나 봅니다. 어떨 때는 예원이가 할머니에게 친구를 대하듯이 말을 하는 것을 봅니다. 그런 모습을 보며 제가 킥킥, 웃고 있으면 어머니는 예원이가 눈치를 채고서 어른에게 하듯 예의바라질까 크게 웃지 말라는 듯이 눈치를 주기도 합니다.

예원이는 재미있게 읽은 책이 있으면 반드시 어머니에게도 그 책을 읽게 합니다. 방으로 뛰어들어가 어머니에게 못살게 굴듯이 채근을 합니다.

"할머니. 이거는 꼭 읽어야 돼. 이건 읽으면 눈물이 날 거 같아."
"응, 그래. 언제까지 읽으면 되니?"

"으응. 할머니는 눈이 나빠서 나보다는 늦어도 돼. 일주일 시간을 줄게."
"그래. 알았다. 고맙다."

세대의 차이가 있었지만 예원이와 어머니는 전혀 그런 걸 느끼지 못할 정도로 친했습니다. 숙제를 하다가도 어머니 방에 들어가 공부를 가르치기 시작합니다. 처음엔 산수를 들고 갔다가 어머니가 너무 몰라서 실망했는지 이번엔 국어책을 들고 들어가 자신이 배운 것을 가르치기 시작합니다.

저는 어머니가 한때의 고통을 하루라도 빨리 잊어버리고 예전처럼 다시 돌아왔으면 하는 바람이었습니다. 몸이 아플 때마다 냉정리로 전화하기가 망설여져서 고민하던 때가 없어졌으면 하고 바랐습니다. 겨울을 지나 다시 봄이 오면 어머니의 마음속에도 노란 봄이 찾아올 거라는 믿음을 가지기로 했습니다. 잠든 어머니의 가는 숨결을 들었을 때보다 더 기분 좋은 일은 없었습니다.

'어머니는 저에게 다 주시고 가셔야지요.'

늘 그런 기도하는 마음으로 살이 쏙 빠져버린 손목을 살며시 잡아보았습니다. 온기가 점점 사그라지는 것 같아 마음이 아파지기 시작합니다. 누구나 나이가 들면 몸에서 온기가 사라지면서 기운도 빠지고, 정신줄도 희미해져서 결국엔 우리 곁을 떠나게 될까 봐 전전긍긍하는 마음으로 어머니의 얼굴을 물끄러미 내려다봅니다.

모든 것이 사랑이었어요

아들이 군대에 가고 나서 우리 가족은 모두 허전함을 안고 살았습니다. 가족 중에서 누군가가 없어졌다는 것이 그렇게 허전할 수가 없었습니다.

아프던 이가 쑥 빠져나갔을 때 시원함도 있었지만 허전함도 함께 묻어 나왔습니다. 늘 입안에 있던 것이 없어졌다는 아쉬움이 혀끝에 만져지듯이 말이지요.

그러다가 종원이가 첫 휴가를 나왔습니다. 평상시에는 멀리 갔다가 집에 오더라도 마중을 나간 적이 없었지만, 우리 가족은 버스 터미널까지 달려나갔습니다. 어머니는 설레는 가슴을 안고 손주가 어엿한 군인이 되어 집으로 온다는 말에 집에서 기다리기로 했습니다.

"할마니는?"

종원이는 우리를 보자마자 어머니부터 찾았습니다.

"집에 계시지. 아파서 못 나와."

"그럼 집에 빨리 가."

어머니는 손주의 들어섬에 아들의 첫 휴가를 반기듯이 버선발로 손주를 맞이하였고, 손주는 단번에 모자를 벗으면서 어머니의 그 헐렁하고 따뜻한 치마폭에 털썩 안겼습니다.

태어나면서부터 할머니의 사랑을 유난히 많이 받아 온 아이여서 그런지 할머니에 대한 사랑이 남다릅니다. 오자마자 서로 부둥켜안듯이 풀썩 앉아서는 그동안에 나누지 못했던 이야기들을 나누기 시작합니다.

"할머니. 몸은?"

"나야 괜찮다. 니가 더 고생이제."

"요즘은 군대도 편해졌어요. 컴퓨터도 마음대로 하고, 먹는 것도 실컷 먹어요."

"그랴. 그러면 좋제. 이 할미는 산골에 살 때에 군인들이 쏘는 포탄 껍데기를 얼마나 주우러 다녔다고."

"그랬어요?"

할머니와 손자의 대화는 보기에도 참 좋았습니다.

종원이는 학교에서 돌아오면 늘 맞아 주시던 할머니의 그 너른 품을 아직도 기억하고 있나 봅니다. 어버이날이면 엄마한테 보내는 편지는 형식적으로 쓰던 아이가 할머니에게 드리는 편지에는 사랑이 듬뿍 담겨 있어서 샘이 날 정도였습니다. 마치 왕사탕이 오래되어서 포장된 비닐에 쩍쩍 눌러 붙은 것처럼 할머니에 대한 사랑도 그렇게 사탕의 설탕 오라기처럼 진하게 묻어 나왔습니다. 제가 봐도 참 신기하다는 생각이 들 정도였습니다.

점심을 먹고 나서 종원이는 할머니와 함께 나갔습니다. 바람을 쐬러 갔나 보다 했는데 저녁에 돌아온 어머니의 손에는 안경집이 들려져 있었습니다.

"에미야, 종원이가 돋보기를 새로 사줬다."

반짝반짝 빛나는 돋보기 안경을 끼고서 어머니는 어린아이처럼 성경책을 펼쳤습니다.

"이렇게 가볍고 잘 보이네. 예전에는 침침하더니만……."

"어머니는 좋으시겠네요. 제가 못하는 것을 손주들이 다 하네요."

어머니는 손주가 사준 돋보기가 아주 마음에 드는지 안경을 싸는 고운 천에 고이 접어서 안경집에 넣습니다. 얼굴 표정이 금빛으로 빛나는 듯했습니다. 저는 어머니가 오래된 돋보기를 끼고 글을 읽으시면서 가끔 던지는 말을 무심코 흘려들었습니다.

"왜 이리 눈이 침침하누?"

"연세가 드셔서 그런 게지요. 책을 쉬엄쉬엄 보세요."

그렇게 무심한 말을 던졌습니다. 그런데 종원이는 할머니의 말을 무심하게 지나치지 않고 기억에 넣어두었다가 안경점으로 모시고 가서 사드린 모양입니다.

"종원아, 돈은 어디서 났어?"

"엄마, 요새 대한민국 군인의 월급이 얼만지 아세요?"

"내가 어떻게 아니?"

"제가 받은 것으로도 할머니 돋보기는 충분히 살 수 있어요."

"돋보기가 얼마인데?"

"만 원 하던데요."

돈의 액수가 저를 더 부끄럽게 했습니다. 단돈 만 원이면 어머니의 마음을 더 밝게 해드릴 수 있었던 것을 저는 하지 못했으니 말입니다. 아들이 아니었으면 저는 평생 어머니의 침침함을 연세 탓으로 돌리고 마는 며느리가 되었을 것입니다.

2박 3일의 첫 휴가는 참으로 쏘아버린 화살처럼 빠르게 날아갔습니다. 괜한 아쉬움만 남기고 종원이가 부대로 들어가는 날, 어머니는 그동안 꼬깃꼬깃 모아두었던 돈을 내가 모르게 종원이의 손에 쥐어주는 것을 보았습니다.

종원이가 귀대하고 나서 소포가 날아왔습니다. 그 안에는 어머니의 지팡이가 들어 있었습니다. 지팡이를 잃어버리고 나서 언젠가 찾겠지 하며 어린이용 우산대를 짚거나 예전의 무거운 지팡이를 짚고 다니셨습니다. 저는 그냥 지나쳤고, 그 무게가 어머니한테 얼마나 짐스러울까 하는 생각조차 하지 못하고 있었습니다. 그런데 저번에 종원이가 할머니를 모시고 안경점에 가면서 그 지팡이의 무게를 가늠해 보았던 모양입니다.

택배 상자 안에는 아주 가벼운 알루미늄으로 된 지팡이가 반짝거리며 누워 있었습니다. 안경과 지팡이를 챙겨드리는 종원이의 마음을 깊이 읽을 수 있었습니다. 손자에 비하면 저는 어머니에게 너무 무심한 며느리였습니다.

지팡이에다가 어머니의 이름 석 자를 적었습니다. 손주가 사준 지팡이를 잊어버리지 말라는 뜻도 있었지만 손주가 사서 보내준 선물이라는 뜻을 담았습니다. 어머니는 그 지팡이를 짚고 다니시면서 늘 손주가 옆에서 손을 잡아주는 듯한 기분을 가지셨을 것입니다.

"종원이가 마음이 깊구나."

"그러게요. 어머니, 저는 부족한데 저보다 훨씬 낫네요."

종원이는 군대 생활을 하느라 바쁘겠지만, 우리는 종원이가 인터넷으로 주문한 지팡이를 받아들고 할머니에 대한 깊은 사랑을 같이 나누었습니다. 저는 참 행복합니다. 제가 키운 자식이지만 제가 키운 것이 아니라, 어머니가 손수 키운 것처럼 마음이 참 기쁩니다.

할머니로부터 받은 사랑을 잊지 않는 아들의 마음이 소중했습니다. 식지 않는 사랑을 받은 자식은 나중에 커서도 잊지 못할 것입니다. 그것은 제가 받아보아서 압니다. 밭에 씨앗을 뿌리면 때가 차 수확의 계절이 오면 땅은 다시 주인에게로 결실의 열매를 보내주듯이 사람과 사람과의 사랑도 그러했으면 합니다. 잊어버리는 사랑은 사랑이 아닙니다. 아무리 바빠도 진한 사랑은 늘 기억해야 함에도 저는 일상 속에서 어머니의 그 묵직한 사랑을 가끔 내려놓을 때가 있었습니다.

뿌린 대로 거둔다고 했습니다. 어머니는 손주나 저에게 변함없는 사랑을 뿌렸습니다. 너무 많이 뿌려서 우리는 사랑의 화원에 들어선 것처럼 향기롭습니다.

  사랑의 씨앗을 뿌려 놓은 어머니가 아들 내외와 손주들에게서 마음껏 그 결실을 거두다가 가셨으면 하는 바람이지만 이제는 저희들의 희망일 뿐입니다.

  씨앗은 때로 생각지도 않은 겨울철에도 싹을 틔웁니다. 어느 날인가 문득 베란다의 하수구에서 가녀린 꽃이 피어났습니다. 화분에서 물 따라 흘러나온 흙에 숨어 있던 씨앗이 나와서 겨울의 따스한 햇살을 받고서 싹을 틔운 것입니다.

  우리의 삶에도 그렇게 예상치도 않게 감동의 꽃이 피어날 때가 있습니다. 추운 겨울날에도 꽃은 언제나 반가움으로 안기는 것처럼, 어머니의 삶은 언제 어디서 불쑥 나와서 저의 눈시울을 적셔 놓을지 모르는 일입니다. 학교에서 집으로 돌아오는 시간에 추운 겨울날 골목길을 걸어가시는 할머니를 볼 때마다 왠지 모르게 눈시울이 벌게지기 시작합니다. 다리를 절룩이는 모습만 봐도 어머니가 그립습니다.

이 세상의 마지막 인사

"입관을 할 터이니 상주들 다 내려오세요."

사소한 일상을 다 내려놓고서 우리는 지하에 계신 어머니의 입관을 위해 내려갔습니다. 이제 마지막으로 우리를 부르시는구나 하는 생각이 들기 시작합니다. 가지 않을 수도 없고, 도망갈 수도 없는 입장이 되었습니다. 남편의 손을 잡고 지하로 내려가는 동안의 마음은 자꾸 기울어지기 시작하고 있었습니다.

지하로 가니 유리창 너머 은빛 스테인리스 위에 하얀 천이 덮여 있는 것이 보였습니다. 나지막한 키, 얇은 두께로 보아 그것은 틀림없는 어머니였습니다.

'이제 이 땅에서의 마지막 모습을 보게 되는구나.'

검은 상복보다 더 무거운 침묵으로 내 마음이 시꺼멓게 내려앉았습니다. 마음을 다잡고서 마지막으로라도 어머니의 얼굴을 보고 싶었습니다. 떨리고 두려운 마음이 앞섰습니다. 제가 그동안 어머니에게 해 드린 것이 없다는 것이 자꾸 생각납니다. 기억하려고 해도 아무것도 생각나지 않습니다.

장의사 두 분이 어머니를 덮고 있던 흰 천을 들추었을 때 야윈 채 누워 있는 어머니의 모습을 보았습니다. 하얀 옷으로 갈아입으셔서 마치 봄날의 꽃밭에 편안하게 누워서 쉬고 있는 듯이 보였습니다.

장의사 두 분이 알코올로 전신을 정성스럽게 닦아냅니다. 머리를 감길 때 슬쩍 보이는 얼굴이 일주일 전에 뵈었던 어머니의 그 모습 그대로입니다. 안도의 숨이 새어 나왔습니다.

그러고는 얄따란 종이로 발을 감싸고 삼베 버선을 신깁니다. 팔에도 발과 똑같이 합니다. 머리를 감쌀 때부터 저는 그동안 참고 있었던 눈물이 갑자기 봇물이 터지듯이 터져 나왔습니다. 제 울음소리를 기점으로 여기저기서 불협화음의 울음소리가 새어나오기 시작했습니다. 남편이 저의 손을 꽉 잡았습니다.

그 울음소리에도 어머니는 미동도 않으시고 평상시 그 모습 그대로 누워 계십니다. 한 겹 한 겹 옷을 입히고, 그 위에 삼베 띠를 주름 하나 없이 싸맵니다. 처음엔 꼭꼭 싸매는 줄 알았는데 나중엔 거의 꽁꽁 묶는 수준입니다. 실제보다 더 앙상하게 마른 몸이 홀쭉하게 묶일 때에 저는 놀라서 펑펑 울고 말았습니다. 목에 예리한 칼날이 박힌 것처럼 숨조차 쉴 수 없었습니다. 그 위에 삼베로 십자가 모양을 만들어 올려졌습니다.

"어머니, 잘 가세요."

저는 마지막으로 어머니 손과 발을 잡았습니다. 그리고 기도를 하는 동안 어머니 손과 발에서 찬 기운이 전해집니다. 며느리보다 더 따뜻했던 손, 호박소주를 내리시던 그 손, 오늘은 어머니의 차가운 손을 부인하고 싶었습니다.

마지막으로 얼굴을 덮었던 수건을 들추니 얼굴엔 주름 한 가닥도 보이지 않습니다. 요양원에 가기 전에 넘어져서 생긴 멍 자국이 21일이 지나도록 여전히 푸르죽죽하니 남아 있었습니다. 얼굴을 만져봅니다. 며칠 전에 만났을 때까지만 해도 어머니의 얼굴은 따뜻했는데 이제는 차갑습니다. 이제는 아무런 말이 나오지도 않았습니다.

제가 냉정리로 와서 듣기로는, 어머니가 돌아가시기 전날, 냉정리에 사는 작은 시누이와 시매부를 만나고 나서, 다음 날 아침에 비타민C까지 드시고 잠시 누우셨다가 30분 뒤에 주무시듯이 돌아가셨다고 합니다. 눈 감으면서 얼마나 많은 말을 삼켰을까요? 어쩌면 하고 싶은 말을 얼마나 가슴에 묻으며 참아내셨을까요? 자식들에게 조곤조곤 할 말을 다 하셨을지도 모른다는 생각이 들었습니다.

터지는 오열, 그것은 깊이는 다르지만 내용은 다 동일합니다. 어머니께 못다 한 효도를 울음으로 토하고 있는 중이었습니다. 특히나 작은 시누이는 거의 실신할 지경이었습니다. 큰 아주버님은 쓰러질 듯 오열을 삼키고 있었고, 작은 아들인 남편도 대성통곡을 하며 웁니다.

'그래, 마음껏 울어요. 이때 안 울면 그 삼킨 울음이 언제 터질지 몰

라요. 실컷 울어요.'

저는 울컥울컥 울음을 토해냈습니다. 저를 붙잡고 선 종원이는 저의 손을 마구 흔듭니다. 얼마나 눈물을 쏟았을까요. 몸 속에 있던 물을 다 뽑아냈어도 아직도 눈물이 잔뜩 고여 있었습니다. 저마다 오열과 통곡을 쏟아놓으며 억지로 서 있거나 벽을 짚고서 울거나 땅바닥에 주저앉았습니다.

"고모, 그만 울어. 할머니가 천국에 가셨는데 왜 울어?"

"엉엉엉……."

"아니야, 천국에 갔다고 안 우는 게 아니야. 딸로서 어머니를 보내는 아쉬움과 평상시에 못다 한 효도와 미안함과 죄스러움이 그냥 울음으로 표현되는 것뿐이야. 울게 내버려 둬."

저는 남편의 아픔을 다독여야 하고, 아들의 마음도 헤아려야 했습니다. 마지막이라는 단어는 낯설기만 합니다. 부인하고 싶어도 도망칠 기력조차 없습니다.

어머니는 바짝 마른 장작처럼 들려져 관 속으로 들어갑니다. 너무 가벼워 잘못 본 것은 아닌가 의심할 정도였습니다. 관에 시신을 넣고 이름 석 자를 쓴 후에 하얀 천으로 관을 통째로 묶습니다. 시신을 묶고, 관도 묶고, 이 세상에 미련과 아쉬움도 다 묶어버릴 것처럼 그 사람들은 인정사정이 없습니다.

마지막으로 어머니에게 인사를 공손히 하고, 장정 여섯 명이 들기엔 너무도 가벼운 관이 냉동실로 다시 들어갑니다.

"철컥!"

"이상 입관을 모두 마쳤습니다."

다시 울컥하는 솟구침, 남아 있던 울음이 삽시간에 터져 나왔습니다. 이제는 다시 못 볼 거라는 말을 들은 것처럼 아쉬움과 안타까움이 가슴을 짓눌렀습니다. 어찌나 매정하게 들리던지 저도 모르게 남편의 손을 꼭 잡고 말았습니다.

우리는 경건한 마음으로 '며칠 후, 며칠 후, 요단강 건너가 만나리' 라는 찬송을 불렀습니다. 입관 예배를 마치자 부스스 깬 작은 시누이는 후다닥 내 손을 잡았습니다.

"내가 잤어?"

"어떻게 여기까지 올라왔어?"

"벌써 입관 예배 다 마쳤어?"

아마 입관할 때 심하게 울더니 잠시 실신했었던 모양입니다. 울음의 경계선을 넘어도 한참 넘었으니 실신하는 것도 당연한 일이지요.

입관은 모든 이생의 삶을 마무리하는 게 아니라 영원히 잊히지 않는 사건으로 남으라고 하는 것 같습니다. 기억 속에 선명하게 남아 있는 초등학교 때의 소풍처럼 말입니다.

죽음을 삼베로 묶고 싸매어 보지만, 죽음을 꽁꽁 여밀 때마다 숱한 기억이 삼베를 빠져나와 기억 속으로 차곡차곡 쌓입니다. 컴퓨터 폴더 속에 주제별로 파일을 정리해두는 것처럼 어머니와의 추억이 머릿속에 사건별로 정리가 되어 있습니다. 사느라고 바빠서 미처 정리하지 못했던 일상에서의 감사함과 아쉬움을 저는 어머니의 은혜라는 폴더에 넣고서 저장을 해둡니다. 혹시라도 저장이 안 되었을까 봐 두 번이나 저장 버튼을 눌렀습니다.

감사함의 폴더에 파일이 가장 많았고, 아쉬움과 죄송함과 후회 등의 폴더가 뒤를 줄줄 따랐습니다.

2014년 4월 18일 8시 50분, 아침 자습이 마치는 종이 울리는 시간에 남편에게서 전화가 왔습니다.

"여보, 놀라지 말고 잘 들어. 어머니가 돌아가셨다고 전화가 왔어."

"예?"

"조심해서 집까지 운전해 올 수 있지?"

그렇게 전화를 끊고 교실을 빠져나오는데 다리가 후들후들 떨립니다. 갑자기 말이 이리저리 엉킵니다.

"교장 선생님, 저의 어머니가 오늘 돌아가셨어요."

"저런, 상심이 크겠네요. 학교 걱정하지 말고 얼른 준비하세요."

켜놓았던 컴퓨터를 끄고 차에 올랐습니다. 이미 수십 번 예고된 일이지만 실전은 너무 버겁고 무거웠습니다.

집에 와서 짐을 싸면서 옷장 문을 열고 닫기를 수십 번. 허둥거리고 서 있는 저를 안심이라도 시키는 듯 남편도 옆에서 허둥거리고 있었습니다. 마음이 새하얗게 비워져 버린 것이었습니다.

시험을 미루고 달려온 종원이, 토익 시험을 포기한 예원이도 울음을 터뜨렸습니다.

철원까지 가는 길이 실제 거리보다 몇 배나 멀다는 생각을 하면서 자꾸 창밖을 내다봅니다. 시간은 동일한 간격으로 가는 게 아니라, 어떨 땐 무지 느리게 간다는 생각을 했습니다. 4월의 신록을 무심한 듯 바라보는 차 안에는 무거운 침묵만이 자리 잡고 있었습니다.

지난주, 어머니가 편찮으시다는 전화를 받고 종원이와 철원을 갈 때였습니다. 버스가 문경새재를 넘을 때 산에는 온통 꽃들이 무더기로 피어서

"종원아, 밖을 봐. 너무 아름답지?"

"그렇네요."

"와, 할머니 덕분에 아름다운 봄나들이를 한다. 그치?"

슬픔의 와중에서도 봄 경치에 감탄을 하며 갔었던 그 길이 슬픔의 꽃 잔치를 보러 올라갔던 길이었습니다. 저를 침울하게 바라보던 종원이의 표정이 생각났습니다.

예전에 친정 아버지가 돌아가셨을 때 인천까지의 거리는 무진장 멀었고, 친정 엄마가 돌아가셨을 때 서울까지의 거리도 멀게만 느껴지더니 이번 철원까지의 거리도 엿가락을 있는 대로 늘려놓은 것처럼 길게만 느껴졌습니다. 차라리 차를 돌려서 다시 내려가 버리면 어머니가 다시 살아날 수 있지 않을까 하는 생각도 해봤습니다.

철원에 도착하니 어머니의 영정 사진은 하얀 국화꽃 속에 네모나게 갇혀 있었습니다. 우리는 장례식장에서 수시로 슬픔에 젖어들었습니

다. 조문객들 앞에서는 슬픔이 단단하게 잠겨 있다가 친척들이 오면 빗장을 채 열기도 전에 울음부터 터져 나왔습니다. 누가 먼저랄 것도 없이 사람들은 전염병처럼 주르륵 눈물을 흘렸습니다.

먼 길을 달려온 분들이 정말 고마웠습니다.

'고마움.'

이 석 자에 담겨진 고마움의 무게는 측량할 수 없을 정도라는 걸, 한 사람 한 사람이 다녀갈 적마다 고마운 중량감이 더해갔습니다.

꼬박 다섯 시간을 달려와서 달랑 30분 머물다가 떠나가는 이들의 뒷모습에 못다 한 감사함의 말을 가슴에 넣어두었습니다. 훗날, 저도 그들에게 고마운 기억으로 남아야겠다는 생각을 하면서 말입니다.

어머니가 살던 강원도 철원군 갈말읍 용화리.

거기엔 조팝꽃이 자잘한 꽃잎으로 연둣빛 향기를 뿜고 있었고, 개복숭아는 수줍은 듯 분홍빛 꽃잎을 밭둑마다 떨구고 있었습니다. 쑥들이 다복다복 모여앉아 짙은 고향 내음을 뿜어내고 있었고, 제비꽃은 꽃반지를 만들던 추억으로 땅에 납작 엎드려 있었습니다.

"저 높은 곳을 향하여 날마다 나아갑니다.
내 뜻과 정성 모아서 날마다 기도합니다.
내 주여, 내 맘 붙드사 그곳에 있게 하소서.
그곳은 빛과 사랑이 언제나 넘치옵니다"

제일 앞에 종원이가 '박효순 권사' 팻말을 들고 걸어가고, 그다음에 종훈이가 할머니 영정 사진을 들고, 뒤이어 운구가 따르고 상주와 문상객들이 밭길을 구불구불 따라서 올라갔습니다.

　몇 달 동안 가물어서 보들보들한 먼지가 일제히 어머니의 마지막 가는 길에 깨어납니다. 길바닥에 새겨진 사람의 발자국이 제각각 다릅니다. 우리의 인생의 흔적도 저렇게 가지각색일 거라는 생각을 하면서 상여의 뒤를 따랐습니다. 천국엔 빛과 사랑이 넘치는 행복한 곳이라는 것을 알면서도 그간에 못다 한 아쉬움이 후회로 남아 자꾸 눈물만 흘러나왔습니다.

　모든 분들이 한결같이 숙연하게 하관 예배를 지켜보고 있었습니다. 그 예배를 마치고 난 후,

"주님 앞에 가시는 우리 어머니"

"어허리 탈게"

"부디부디 편안하게 쉬세요."

"어허리 탈게"

　묘를 쓰던 인부들이 선창, 후창이 이어지더니, 마지막 가는 길에 노잣돈을 놓으라고 했습니다.

　그것을 지켜보던 종원이는

"아빠, 나한테 돈이 이만 삼천 원 있는데, 이거 다 드릴까요?"

"왜?"

"옛날에 할머니 지갑에서 몰래 돈 꺼내 쓴 것 생각나서요."

"그래, 이만 원만 드려라."

그 와중에 할머니의 돈을 가져갔던 것을 기억해내는 종원이의 여린 마음이 툭 튀어나왔습니다.

제 눈물은 온통 후회뿐입니다.

후회가 마구 엉켜서 구역질처럼 욱욱 토해져 나왔습니다. 빛에 그림자가 있다면 우리 삶에는 반드시 후회가 그림자처럼 드리워져 있다는 것입니다. 제게 그렇게 후회할 것이 켜켜이 쌓여 있는 줄은 미처 몰랐습니다.

장례식장에서는 슬픔만 웅크리고 있는 게 아니라, 일상 삶이 들어왔다가 나가곤 합니다. 슬픔이 잦아들면 친척들과 그간의 삶을 나누고, 철원의 역사와 세월의 애통함을 이야기하며 슬픔과 상관없이 웃기도 했습니다.

장례식장은 그간에 얽히고설킨 갈등이 스르륵 풀리는 곳입니다. 관계가 소원했던 친척들이 어머니를 통해 서로 화해하고, 가라앉았던 앙금도 걷어내고, 얼어붙었던 원망도 녹는 일들이 생겨났습니다. 죽음이 해결하지 못할 일은 없는 듯이 보였습니다. 한동안 마음으로 멀었던 조카를 다시 가까이에 붙잡아둔 것도 좋았고, 어머니의 소원이던 큰 시누이의 영접 기도는 참으로 아름다웠습니다. 어머니를 보내면서 얻은 게 참 많았습니다. 생전에도 이렇게 화합하게 하시더니, 돌아가시면서까지 어머니 성품을 닮아서 우리들을 하나 되게 해주시고서 떠나시는 것입니다.

저는 아들과 함께 둘이서 철원평야의 배꽃과 수런수런 깨어나는 들녘을 걸었습니다.

이번 장례식에서 까만 상복을 입고 나서부터 종원이는 부쩍 부모를 보호하고, 부모의 마음과 육신을 만져주며 부쩍 성숙해진 것 같습니다. 대한수도원에 가서 잠시 기도를 할 때도 옆에 있어 주었고, 밤거리를 걸으며 어머니와의 추억도 곱씹을 때도 함께였습니다. 아들의 팔짱을 끼고 철원평야를 걸으면서 제가 아들에게 남겨야 할 것들에 대해 생각해보는 시간이 되었습니다.

이제 어머니를 보내드립니다. 제가 이 땅에서 할 것은 어머니처럼 좋은 엄마가 되기 위해 기도하는 일만 남았습니다.

'어머니, 편히 가셔요.'

'어머니, 우리 친정 엄마 만나서 저희 안부 전해 주세요.'

어머니